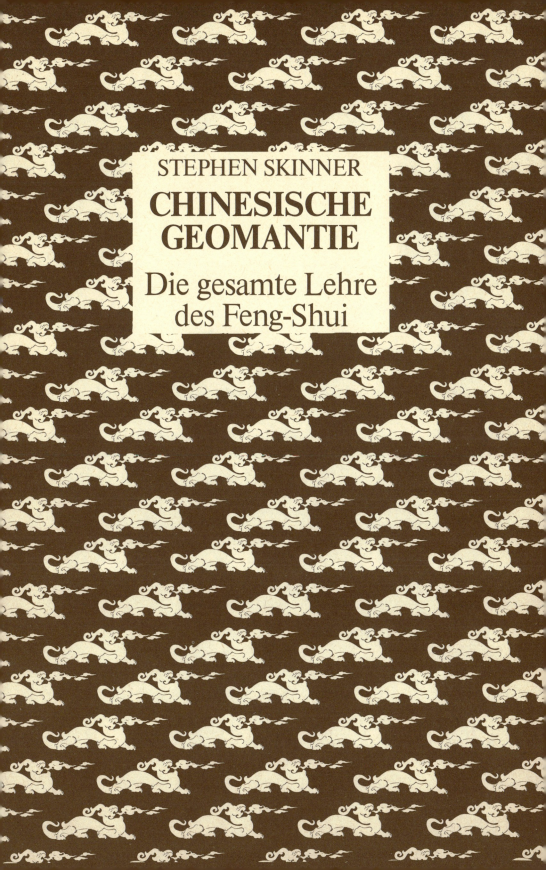

STEPHEN SKINNER

CHINESISCHE GEOMANTIE

Die gesamte Lehre des Feng-Shui

Titel der englischen Originalausgabe:
"The Living Earth Manual of Feng Shui"
© der englischen Ausgabe 1982 Stephen Skinner, published by
Routledge & Kegan Paul Plc, London

Ins Deutsche übersetzt von Peter Hübner

1. Auflage 1983
© Dianus-Trikont Buchverlag GmbH, Agnes Str. 10,
   8000 München 40
   und
   Felicitas Hübner Verlag, Alte Schule,
   3544 Waldeck-Dehringhausen
   Alle Rechte vorbehalten
   ISBN 3-88167-098-X
   Satz: Petra Petzold, Heidelberg
   Titelgestaltung: Hermann Menig
   Druck- und Bindearbeiten: Boss-Druck, Kleve

Inhalt

Danksagung 9

Vorwort zur deutschen Ausgabe 11

Etymologische Anmerkungen zu Geomantie 15

Einleitung 17

1 Wind und Wasser:
   Was ist Feng-Shui? 19

2 Das Blut der Erde:
   Ch'i 29

3 Drachenadern:
   Die Form-Schule 43

4 Zeiten und Gezeiten:
   Die Zahlen des Feng-Shui 63

5 Der Drehpunkt der vier Quadranten:
   Die Kompaß-Schule 85

6 Das Funktionieren des Kompasses 101

7 Feng-Shui für den Hausgebrauch 105

Ein kurzes Feng-Shui Vokabular 115

Tabellen und Illustrationen

Tabellen

 1 Makrokosmische und mikrokosmische Standortbestimmung
    für Lebende und Tote 23
 2 Die Zwölf Paläste 32
 3 Die elementaren Bergformen 51
 4 Die Neun sich bewegenden Sterne 52
 5 Die fünf Elemente nach der Früheren Himmelsfolge 68
 6 Die acht Trigramme oder 'pa kua' 69
 7 Die Trigramme nach der Späteren Himmelsreihenfolge 74
 8 Die Zehn Himmlischen Stämme 76
 9 Die Zwölf Irdischen Äste 77
10 Die 28 hsiu 82
11 Die Bestimmung von Ringen zu Platten 89
12 Entwicklung der Ringe des Kompasses 91
13 Die 24 azimutalen Kompaßrichtungen 94

Illustrationen

 1 Orientierung der Lage und Verhältnisse unter den Tiersymbolen
    der Hauptrichtungen des Kompasses 22
 2 Der Gebrauch des Feng-Shui-Kompasses in der Ch'ing-Dynastie 44
 3 Der Drachen und der Tiger: ideelles und wirkliches Landschaftsbild 48
 4 Eine typische chinesische Karte eines hsüeh 55
 5 Flußformationen und Feng-Shui-Standorte 59
 6 Das jahreszeitliche Zunehmen von Yang und Yin 64
 7 Die Anordnung der gegenseitigen Produktion 66
 8 Die Anordnung der gegenseitigen Zerstörung 67
 9 Frühere und Spätere Himmelsreihenfolge der acht Trigramme 71

10   Das Lo-shu 72
11   Die relative Beziehung des Südpunktes zu den drei Platten 90
12a Die primären und sekundären Kompaßpunkte 95
12b Die vollständige 'korrekte Nadel' 95
12c Die 'korrekte' und die 'Saumnadel' 96
13   Ein einfacher lo p'an 97
14   Analyse der Ringe eines vollen lo p'an 98
15   Grundriß eines typischen chinesischen Hauses 107
16   Feng-Shui in der Hausgestaltung 110

Danksagung

Mein Dank gilt Bob Lawlor, der mich auf die Existenz von Feng-Shui aufmerksam machte, und Helene, die mich ertrug, als ich die Recherchen dafür anstellte.

Ich möchte mich auch für die Hilfe der Bibliothekarinnen und Bibliothekare der British Library, des Warburg-Instituts, der Wellcome Library und des SOAS bedanken. Mein Dank auch an John und Françoise Necholas, die als meine Korrespondenten in Hong Kong fungierten, wo einige der letzten Ausübenden dieser uralten Kunst immer noch rege Geschäfte betreiben. Zusammen mit Beth McKillop halfen sie mir bei Unterlagen, die es nur auf chinesisch gibt.

Mein besonderer Dank an Nick Tereshchenko, der mir meinen ersten Feng-Shui-Kompaß gab, an Beverly Lawton und Lindsay Roberts, die das erste Manuskript tippten, und an Evelyn Lip für ihre Unterstützung, als ich in Singapur war, obwohl die Ergebnisse dieser Recherchen zu spät eintrafen, um noch in dieses Buch eingefügt zu werden.

Die Zeichnung des Drachen-und-Tiger-Schemas wurde mit Genehmigung den "Annals of the Association of American Geographers", Bd. 64, Nr. 4, S. 508, Abb. 2, entnommen und stammt von Chuen-yan David Lai. Die Zeichnung des einfachen lo p'an entstammt Henry Dorés "Researches into Chinese Superstition", Tusewei Press, Shanghai, 1914, während die des großen lo p'an aus J. J. M. De Groots "The Religious System of China", Brill, Leiden, 1897, stammt.

Zu den frühen chinesischen Quellen gehört die Karte eines hsüeh aus dem "Luan t'ou chih mi", Bd. 4. Die Zeichnung zur Anwendung des Feng-Shui-Kompasses in der Ching-Dynastie erschien ursprünglich im "Shao Kao". Die elementaren Formen der Berge werden dem Klassiker "C'iu t'ien hsuan nu ch'ing-nang hai-chiao ching" von Kuo P'o zugeschrieben. Die 'Neun sich bewegenden Sterne' erscheinen im "Ti-li ta-cheng", Bd. 1, und die Flußformationen im "Shui-lung ching".

Die chinesischen Hausgrundrisse entstammen dem Werk "Under the Ancestors' Shadow" von Francis L. K. Hsu und werden mit Genehmigung des Verlegers, der Stanford University Press, wiedergegeben, Copyright 1948 und 1967 bei Francis L. K. Hsu.

Autor und Verleger danken dem Informationsdienst der Regierung von Hong Kong und der "South China Morning Post" für ihre hilfreiche Kooperation.

Vorwort zur deutschen Ausgabe

Der englische Missionar E. J. Eitel war 1873 der erste Europäer, der sich ausgiebig mit Feng-Shui befaßte. Er begann sein Werk mit der Frage: 'Was ist Feng-Shui?', und damit beendete er es auch. Weil nicht sein kann, was nicht sein darf, hatte diese uralte chinesische Auffassung von Himmel, Erde und Mensch keine Chance, im Vergleich mit europäischer Wissenschaftlichkeit und christlicher Doktrin zu bestehen. Wo Eitel selbstsicher und wohl auch selbstzufrieden die Feder niederlegte, nahm Stephen Skinner sie mit einer durchaus positiven Einstellung und beachtenswerter wissenschaftlicher Objektivität wieder auf, denn er hatte erkannt, daß die Lehren des Feng-Shui zu viel beinhalten, einen zu großen Einfluß gehabt hatten, um nach dem starr linearen Denken des Westens einfach für nichtig erklärt zu werden. Wo Eitel sich wissenschaftlich gab, ist Skinner es tatsächlich. Daß sein Urteil zugunsten von Feng-Shui ausfällt, spricht dafür, daß es ihm gelungen ist, mit Gewohnheitsdenken zu brechen.

Das heutige Interesse an Baubiologie und gesundem Wohnen kann eine wichtige Novellierung unserer gesamten Lebensart begünstigen und beschleunigen. So wie Medizin und Psychologie schon längst das Konzept der ganzheitlichen Gesundheit erkannt haben, so wird auch zunehmend begriffen, daß die Wohnstätte längst nicht mehr nur Behausung sein darf, miteinander verbundene Zellen — die Anzahl ist abhängig von den wirtschaftlichen Verhältnissen des Benutzers — die den Menschen und sein Eigentum vor der Witterung und den Nachbarn schützen. Wohnen ist Leben. Das Leben findet in der Wohnstätte statt, und wo ganzheitliche Gesundheit beim einzelnen Menschen zutrifft, der mehr als die Summe seiner Millionen von Zellen ist, da hat sie auch bei dem Organismus Volk Gültigkeit, das mehr ist als nur eine Anzahl von Menschen. Dieser Gedanke läßt sich mühelos auf die gesamte Menschheit übertragen, was auch geschehen muß, wenn sie sich nicht selbst zerstören soll.

Gesundes Wohnen darf keine Frage von Luxus oder Reichtum sein, es ist vielmehr absolute Notwendigkeit auf breiter Basis. Stephen Skinner ist einer derjenigen, die fragen: 'Wann ist Wohnen eigentlich gesund?' Dann zeigt er auf, daß eine der größten Kulturen der Geschichte Jahrhunderte lang eine

Antwort darauf hatte, die lautete: '..., wenn der Mensch im Einklang mit der Natur lebt.' Andere Völker entwickelten eigene Antworten, die jedoch ausnahmslos nach Feng-Shui klingen. Für die Indianer Nordamerikas war Landbesitz undenkbar. Die Erde war für sie ein lebendes Wesen mit sichtbarer und unsichtbarer Vitalität, und es galt sie zu respektieren, nicht sie auszuhöhlen oder zu plündern. Über den Weißen Mann schreibt der Indianer Ted Poole in einem Gedicht: '... Als er in den Wäldern stand, sah er Nutzholz. Als er über Eden hinblickte, sah er Grundbesitz...'

Was bewirken <u>Wohnsilos, Mietkasernen und Trabantenstädte? Sie rufen psychische, gesundheitliche und soziale Probleme hervor, zwingen unzählige Menschen, und besonders Heranwachsende, zu einer Lebenshaltung, die sie nie freiwillig wählten.</u> Wo nur die Schraubzwinge der Rendite den Bau bestimmt, wirkt der Gedanke an gesundes Wohnen hoffnungslos verloren. Die Zwinger eines typischen Studentenwohnheims sind menschenunwürdig, aber gerade diese Wohnheime sind begehrte Anlageobjekte, denn sie erwirtschaften unwahrscheinliche Renditen.

Dieses Denken hat Architekten oft dazu verleitet, sich selbst zu phantasielosen Technikern zu degradieren. Wo die alte Kunst des Bauens nur noch mit dem Taschenrechner betrieben wird, rücken Kunststoff und Gußbeton bald an die Stelle jedes natürlichen Baustoffs, und Landschaften werden gedankenlos verstümmelt.

Stephen Skinners Anklage gegen westliche Städte- und Straßenplaner ist nicht Ausdruck eines Denkens, das sich nur noch am Östlichen orientieren möchte und demzufolge an der eigenen Kultur nichts Positives mehr gelten lassen will. Vielmehr spricht er eine beklemmende Tatsache an, und das nicht als Einziger. So schreibt Dieter Wieland in der Broschüre "Bauen und Bewahren auf dem Lande":

> Städte haben wir verpfuscht. Was gut war an ihnen, das kompakte Nebeneinander von Wohnen, Geschäft und Gewerbe — die Stadt der kurzen Wege, die haben wir zerschlagen. Was Gassen und Plätze einst an städtebaulicher Qualität, an unverwechselbaren Bildern boten, an Milieu und Atmosphäre, haben wir autogerecht zerhackt und mit Monotonie und Gesichtslosigkeit, mit überall gleichen Kaufhäusern, Bankhäusern, Parkhäusern aufgefüllt. Innenstädte, in denen nachts nur eine Handvoll Menschen zurückbleibt, Hausmeister, Pfarrer und Polizisten.
>
> Und von dieser kranken, aufgedunsenen Mitte aus wuchern Geschwüre von Vorstädten, Schlafstädten, Satellitenstädten hinaus über Dörfer, Wiesen und Felder. Siedlungsbrei ohne Form und Format, ohne Ziel und Ende. Behausungen, Fabriken, Supermärkte, alles gleich lieblos, häßlich und kalt, ausgekippt und abgestellt wie auf unermeßlichen Parkplätzen. Statt Gassen und Plätzen Kreuzungen und Unterführungen, sechsspurige Rennpisten vom Bett zu Schreibmaschine oder Fließband und zu den Regalen der Verbrauchermärkte. Städte, die ohne Auto nicht mehr funktionieren, rücksichtslos im Verbrauch von Fläche und Energie, Asphalt und Kanalisation, von Verkehrsregelung und aufwendiger Infrastruktur. Ein gigantischer Raubbau.

Was Wieland da beschreibt, klingt wie der Alptraum jedes Feng-Shui-Kundigen, aber es ist *unser* Alptraum. Daß es auch anders geht, beweist zum Beispiel der Gudensberger Bauunternehmer Karl-Herrmann Schwabe, ein anerkannter Befürworter der Baubiologie. Um die Auswirkungen von Betonschichten zwischen den Menschen und der Erde besser belegen zu können, befragte er Ärzte, die in Massenwohnsiedlungen praktizieren. Die Auskünfte, die er erhielt, zeigten Krankheitsbilder, die von denen der restlichen Bevölkerung bedeutend abweichen, und eine Krankheitshäufigkeit, die erheblich über dem Durchschnitt liegt. Schwabe verwendet vorwiegend natürliche Baustoffe, darunter Abbruchholz, um Bäume zu verschonen, Naturstein, der nicht erst mit sehr viel Energie gebrannt werden muß, und Wärmedämmung aus Lehm, Kork oder Kokosfaser, um Chemieerzeugnisse aus Wohnräumen fernzuhalten. Nach Möglichkeit paßt er die Hauslage dem Sonnenkreis an, um passive Beheizung zu begünstigen. Eine unterirdische Wasserader, die sich negativ auf die Bewohner eines Hauses ausgewirkt hätte, wurde von ihm mit einem Durchgang von einem Hausteil zum anderen überbrückt, statt dort einen Wohnraum einzurichten.

Was durch diese Bemühungen verdeutlicht wird, ist, daß Baubiologie eng mit Feng-Shui verwandt ist, und daß sie alle wichtigen Bereiche des menschlichen Lebens berührt und beeinflußt. Wir entdecken plötzlich, daß die chinesischen Geomanten den Kern von etwas Essentiellem aufgedeckt hatten, und mehr: Es geht darum, daß unsere Kulturen aufhören könnten, gegen sich selbst zu arbeiten. Die Gesellschaft könnte gesunden, durch Berücksichtigung von Harmonien im Kleinen und Großen, vom Einzelzimmer bis zur Städteplanung, wie Skinner darstellt. Ob man die Verschonung der Natur durch überlegte Bauplazierungen und sparsamen Umgang mit Rohstoffen an erste Stelle setzt oder die Einstimmung der Menschen auf das Leben und ihre Mitmenschen, es hat alles miteinander zu tun; und daß Feng-Shui für diese lebensnotwendigen Harmonien eine wichtige, sogar lenkende Funktion hatte, ist unbestreitbar.

Stephen Skinner hat einen Grundstein dieses riesigen Gedankenkomplexes 'Wohnen/Leben', der für die Zukunft unserer Kulturen von oberster Wichtigkeit sein wird, mühevoll ans Licht gebracht und analysiert. Daß es bei einem so involvierten System wie Feng-Shui, bestehend aus Berechnungen, Philosophie und Intuition, nicht an Komplexität fehlen wird, versteht sich von selbst. Aber es ist Skinner gelungen, all dies noch verdaulich zuzubereiten. Er ist bei seinem Streben nach Deutlichkeit keineswegs 'fachblind' geworden, sondern weist auch mit einer Prise Humor auf die Schwachstellen dieses Systems hin. Und wo Feng-Shui-Regeln und -Gebote rein logischen Ursprungs sein könnten, stellt Skinner dies schnell fest und vermeidet so eine mögliche dogmatische Mystifizierung der Materie.

Angesichts der Tatsache, daß heute Organisationen wie das Institut für Baubiologie in Rosenheim die Arbeit der chinesischen Geomanten mit ihren Kompassen mit den modernsten Meßgeräten fortsetzen, können wir Skinner beipflichten, wenn er meint, Feng-Shui hätte seinen Wert für den Menschen nie verloren.

Peter Hübner

Etymologische Anmerkungen zu Geomantie

Genau betrachtet ist 'Geomantie' eine Fehlbenennung der chinesischen Ausübung von Feng-Shui, da sich diese Bezeichnung eigentlich auf eine arabische Form der Weissagung bezieht, die sich am Ende des ersten Jahrtausends nördlich nach Europa und südlich nach Afrika hin ausbreitete. Der Begriff 'Geomantie' wurde jedoch um die Mitte des 19. Jahrhunderts (ca. 1870) von Schriftstellern aufgegriffen, um Feng-Shui zu übersetzen. Das vorliegende Werk behandelt Feng-Shui, oder tellurgische Geomantie, und befaßt sich mit dem Aufspüren der Drachenlinien der Energie und ihren Auswirkungen auf den Menschen als Teil seiner nicht offensichtlichen Umwelt.

Die Bezeichnung 'Feng-Shui' wurde im Verlauf des gesamten Buches dem Begriff 'Geomantie' vorgezogen, um diese uralte chinesische Kunst zu benennen. Ein gänzlich unverwandtes Mitglied derselben Familie, die weissagende Geomantie, wurde bereits in zwei früheren Werken des Autors behandelt.

Obwohl Feng-Shui (Wind und Wasser) die am häufigsten anzutreffende, sowie umgangssprachlichste chinesische Bezeichnung für Theorie und Praxis der Standortbestimmung in Harmonie mit den Elementen ist, lautet der Name dafür, der durchweg in den klassischen chinesischen Quellen zu finden ist, 'ti li' ('Beschaffenheit der Landschaft' oder, in modernen Zeiten, 'Geographie'). Dies betont die Tatsache, daß die Chinesen selber Feng-Shui weniger als eigenständige Abzweigung des Aberglaubens oder als einen ländlichen Brauch betrachten, sondern als integralen Teil des Studiums der tatsächlichen Landschaft und ihrer natürlichen sowie durch Menschen hinzugefügten Beschaffenheit.

Eine dritte und wohl noch ältere Bezeichnung lautet 'kan-yü', was wörtlich 'Abdeckung und Stütze' bedeutet, oder sogar 'Abdeckung und Wagen', und sich auf Himmel und Erde bezieht. Es umfaßt die alten Theorien der Wechselwirkungen der taoistischen Philosophie, die besagten, daß Geschehnisse auf der Erde den Himmel beeinflussen, und sich die Bewegungen am Himmel auf der Oberfläche der Erde auswirken.

Obwohl Feng-Shui in den großen chinesischen Enzyklopädien unter dem Kapitel für kan-yü geführt wird, ist es wahrscheinlich, daß die beiden Bereiche ursprünglich stark voneinander getrennt waren. Kan-yü war möglicherweise die ursprüngliche Benennung der Kompaß-Schule, während Feng-Shui wahrscheinlich die Bezeichnung der Form-Schule war. Erst in späteren Jahren wurde der Unterschied gewissermaßen undeutlich, obwohl er in Taiwan noch erhalten bleibt. Rein wörtlich genommen bedeutet kan-yü 'Wagen des Himmels und der Erde', und bezieht sich auf die runde Platte des Kompasses (Himmel), die in die quadratische Erdplatte ihrer Halterung gesetzt war, (eine Anordnung, die heute bei vielen Kompassen fehlt), während sich Feng-Shui offensichtlich auf die natürlichen Elemente bezieht, die für die Form-Schule von größerem Interesse sein dürften.

In seinem "Pivot of the Four Quarters" meint Wheatley, Feng-Shui sei ein 'Astro-biologischer Geedankenmodus', der die chinesische Vorstellung wiedergibt, daß Leben (in all seinen Formen) in Wechselwirkung zum Himmel steht, und von dem Zyklus der fünf Elemente umgestaltet und modifiziert wird.

In seinem Artikel "Patterns of the Earth and Sky: the Chinese Science of Applied Cosmology" (Chinese Science, 1978, 3:1—26) zieht es Stephen J. Bennett vor, Feng-Shui 'Astro-Ökologie' zu nennen, was sich etwas modern anhört und vielleicht auch nicht alle Aspekte des Feng-Shui abdeckt. Er bevorzugt es auch, es als Standortstheorie zu bezeichnen, was dem ganzen eine gewisse geographische Kolorierung verleiht.

Einleitung

Die uralte chinesische Kunst des Feng-Shui, oder der Geomantie, durchleuchtet die gesamte Beschaffenheit der chinesischen Landschaft. Es ist eine Einstellung zum Leben in der Landschaft, die es China ermöglicht hat, eine der dichtesten Bevölkerungen der Welt zu ernähren, ohne der Erde groß Gewalt anzutun.

Obwohl China im überwiegenden Maße ein Agrarstaat ist, ist die chinesische Kunst des Lebens innerhalb der Rhythmen von Land und Jahreszeiten genauso für das Leben in der westlichen Welt anwendbar. Obwohl das System des Feng-Shui an sich mit der traditionellen taoistischen Philosophie Chinas verbunden ist, sind die praktischen Lehren universell brauchbar.

So wie Yoga die Lebenskraft des Menschen im Osten und Westen kultiviert, so kann Feng-Shui die Lebenskraft, oder das ch'i, in der Erde im Westen genauso leicht kultivieren.

Ch'i fließt durch die Erde wie ein unterirdischer Strom, der seinen Kurs nach den Veränderungen variiert, die von der Natur oder dem Menschen auf der Erdoberfläche geschaffen wurden, aber die unterirdischen Ströme, die man beim Untersuchen von Höhlensystemen betrachten kann, sind nicht das gleiche wie ch'i. Eine Parallele kann gezogen werden zu dem Fluß des ch'i durch die Akupunkturmeridiane des Körpers. Diese Meridiane sind nicht gleich den Blutgefäßen, die mit dem Skalpell des Chirurgen durchtrennt werden können, sondern sie befördern Lebensenergie durch ihre eigenen, festlegbaren Kanäle.

Die Wirksamkeit von Akupunktur wurde westlichen Medizinern bei vielen Gelegenheiten hervorragend und zu deren völliger Zufriedenheit demonstriert. Laut den Aussagen der Akupunkteure beruht ihre Praxis darauf, diese bislang unangetasteten Meridiane aufzuspüren und den Fluß des ch'i, das sie durchläuft, zu modifizieren.

Um die Parallele abzuschließen: Die Praktizierenden des Feng-Shui manipulieren die Oberfläche des Erdkörpers, um den Fluß des ch'i zu beeinflussen, der entlang den verborgenen Adern oder Drachenlinien strömt. Der Feng-Shui-Experte wird daher im allgemeinen als 'lung kia', oder Drachenmann, bezeichnet, da er diese Adern des ch'i nachverfolgt oder 'reitet', von ihrem Ursprungsort hoch in den Bergen, der mythischen Wohnstätte der Drachen, bis zu den niedrig gelegenen Hängen, wo sie guten oder üblen Einfluß auf die dort wohnenden Menschen ausüben.

Demzufolge besteht die Kunst des Feng-Shui darin, wohlbringendes ch'i einzufangen und zu sammeln, und unheilbringendes ch'i von einem ausgewählten Standort abzuwenden. Das Sammeln wohlbringenden ch'i führt nicht nur zu gesteigerter Fruchtbarkeit des Bodens, sondern macht die gesamte Umgebung fruchtbarer, und schafft so einen Ort, an dem ohne das nagende, ungute Gefühl gelebt werden kann, das oft mit dem Wohnen in den großen Bauten der Städte und Vororte einsetzt, oder in Einzelhäusern, die entgegen dem herrschenden Lebensfluß im Boden errichtet wurden, oder deren 'Atmosphäre' durch menschliche oder auch natürliche Konflikte 'verschmutzt' wurde.

Solche Umstände können oft durch die Handhabungen eines Drachenmannes, der die Umgegend behandelt, ins Friedliche zurückgebracht werden, so wie zum Beispiel ein Körper wieder zur Gesundheit zurückgeführt werden kann, wenn die Akupunkturmeridiane reguliert werden.

Die Parallele zwischen dem Körper und der Erde wurde nicht als willkürliche Metapher angewendet, sondern spiegelt die chinesische Auffassung der Ganzheit eines Universums, das nicht streng nach den Richtlinien der westlichen Theologie (Materie und Geist) oder der Wissenschaft (lebend oder tot) unterteilt ist. Stattdessen betrachtet der Drachenmann Sein als ein Kontinuum, ähnlich wie C.G. Jung das Universum sah: Die externe makrokosmische Welt reflektiert in der internen, mikrokosmischen Welt.

Immerhin, wer kann bestreiten, daß die Regulierung einer Umgegend durch Methoden, die keineswegs esoterischer sind als das Hinzufügen einer gestalteten Parklandschaft in einer Stadt oder das Dekorieren oder Neuausstatten eines Zimmers, sich auf das Leben der Bewohner auswirkt?

Die Regeln treffen gleichsam für die Standortwahl einer Stadt — sogar einer Provinz — zu, wie für die Gestaltung des Lebensraumes im kleinsten möblierten Zimmer im Kern dieser Stadt.

1 Wind und Wasser: Was ist Feng-Shui?

Am richtigen Ort zu sein und in die richtige Richtung zu blicken, während man das Richtige zum richtigen Zeitpunkt tut, ist also eine Kreuzung von praktischer Effizienz und ritueller Korrektheit. Es bedeutet, mit dem Universum in Einklang zu sein. (Stephan Feuchtwang)

Viele suchen ihr Shangri-la auf der Oberfläche der Erde, andere gehen in sich, um Erleuchtung zu finden. Die uralte chinesische Kunst des Feng-Shui vereint den Kern beider Suchen, indem sie erklärt, daß das, was du aus deinem Standort und deiner Umwelt auf der Erdoberfläche machst, eine Auswirkung auf deinen inneren Frieden haben wird. Diese Formel beruht auf dem Finden und Bändigen der 'Drachenlinien' von Energie, die durch die Erdadern strömen und die Lebensqualität auf der Erdoberfläche verschieden stark beeinflussen.

Die allgemeine chinesische Religion, basierend auf präkonfuzianischen oder taoistischen Zeiten, hatte als Mittelpunkt die Ahnenverehrung und den Glauben an diverse lokale Geister, ähnlich frühgriechischer Glaubensarten. In China wurden diese Glaubensformen von weiteren, abstrakten Philosophien überlagert, während der ursprüngliche Glaube seine Kraft weiterhin beim Landvolk und denen, die der Erde am nächsten waren, beibehielt. In Griechenland halfen die frühen animistischen Glaubensvorstellungen die späteren, komplexen Mythologien zu erzeugen, die dann die Basis, die klassischen Wurzeln, der europäischen Kultur bildeten. Die animistischen Glaubensrichtungen Chinas brachten die diversen sakralen Bräuche und Praktiken hervor, die einzigartig chinesisch sind.

Die Landschaft wimmelte von Lebewesen: Dämonen, Schutzgeister, Geister der Berge, Weiher, Quellen, Bäume und Felsen und eigentlich jeder bemerkenswerten Beschaffenheit eines Ortes waren vorhanden. Sie alle konnten Gegenstand der Verehrung, der Furcht oder der Besänftigung werden. Das Leben beschränkte sich nicht nur auf das, was biologisch als lebendig erklärt wurde, sondern pulsierte durch Gesteine, Gewässer, Erde und Winde. Das gesamte Universum wurde als lebender Organismus angesehen.

Die chinesische Kunst stellt dieses Gefühl für die Geister des Landes dar und portraitiert ein oder zwei lebende Beschaffenheiten, die unter Ausschluß von allem anderen leben und atmen, oft in der herrlichen Isolation von All oder Wolken. Die westliche Kunst hingegen füllt die Hintergründe vollständig aus, mit einer Leidenschaft, keinen Flecken leer zu lassen. Genauso ist die westliche Architektur auf Teufel-komm-raus bemüht, soviel wie nur möglich in ein nettes, ordentliches Rechteckraster hineinzupacken, das Schaufelbagger aus dem Boden geschnitzt haben. Sie macht sich keine Gedanken um die Standortwahl einer Einheit, schneidet irgendwelche Gruppen von einmaligen, ekzentrischen oder unregelmäßigen Gebäuden weg und betont ausschließlich das Funktionelle. Das ist ihre Formel. Die Chinesen konnten jedoch genauso wenig Häuser oder Dörfer errichten, die gedankenlos in den Körper der Landschaft einschneiden, wie ein Chirurg einen Patienten operieren würde, ohne dessen Körper anzusehen.

Aber es fällt westlichen 'Planern' leicht, ihre Bahnen im Namen des großen Gottes 'Fernstraße' durch die Landschaft zu schneiden, oder neue Städte zu schaffen ohne mehr an die darunter liegende Erde zu denken, als man von einem Installateur erwarten würde.

Um der Landschaft etwas hinzuzufügen muß man ihr nicht einen Dorn ins Fleisch treiben, sondern eine Form kreieren, die mit dem Rhythmus der Erde, auf die sie gestellt wird, fließt und atmet. Der Natur entnommenes Holz und Gestein sollten bearbeitet und wieder in die Natur eingepaßt werden. Die Pagoden, Häuser, Tempel, Städte und Ortschaften Chinas sind allesamt Teil der Erde, und wurden als solche errichtet. Erst seit der Revolution und der ihr nachfolgenden Industrialisierung Chinas fanden einige synthetische Baustoffe, unharmonische Formen und Gestaltungen Anwendung. Erst seit diesem Zeitpunkt haben Funktion und Produktivität manchmal den Vorrang vor Frieden und Harmonie mit der lebenden Landschaft erhalten.

Die Kunst, in Harmonie mit der Landschaft zu leben, die größten Gewinne, Frieden und Wohlstand, dadurch zu ernten, am richtigen Ort zur richtigen Zeit zu sein, das wird Feng-Schui genannt.

Feng (Wind) und Shui (Wasser) bilden zusammen Feng-Shui (was in etwa wie Fuhng-Shu-eh ausgesprochen wird). Zusammen drücken sie die Kraft der fließenden Elemente der natürlichen Umgebung aus, und diese Kraft wird dargestellt und abgeleitet von dem Fluß der Energie nicht nur an der Oberfläche, die von Wind und Wasser gestaltet wurde, sondern die durch das Innere der Erde fließt. Sich in eine von Feng-Shui begünstigte Umgebung zu versetzen wird zu Glück, Frieden und einem langen Leben führen.

Oft wissen Menschen nicht, warum es so ist, aber sie fühlen sich in einer Umgebung 'zuhause', und in einer anderen nicht. Abgesehen von den offensichtlichen Faktoren wie die Art des Hauses oder der Nachbarn gibt es die weitaus unterschwelligeren Effekte der Wechselwirkung zwischen dem Menschen und der Feng-Shui-Umgebung.

Wenn in einer neuerstellten Wohnsiedlung ein Gefühl von Kahlheit und Sterilität vorherrscht, dann deshalb, weil die Wunde, die der Natur zugefügt wurde, noch nicht genügend Zeit hatte, um zu verheilen. Wo die der Natur angetane Gewalt zu groß ist, oder die eingefügten Elemente zu sehr gegen die Landschaft verstoßen, wird die Wunde nie verheilen. Viele große westliche

Städte, und besonders ihre moderneren Teile, haben der zugrundeliegenden Erde soviel Gewalt angetan, daß es zweifelhaft ist, ob sie diese neuen Bauten jemals 'akzeptieren' wird, oder wenn, dann vielleicht erst dann, wenn sie zu Ruinen übergegangen sind und die Natur sie zurückerobert hat. Ruinen rufen oft eine Art von melancholischer Euphorie hervor, jedenfalls wenn man sie alleine aufsucht. Diese Euphorie ist auch eine Funktion der Umgebung, die verbunden ist mit der endgültigen Annahme des menschlichen Eindringens seitens der Natur.

Im 19. und 20. Jahrhundert stießen Europäer in China auf das Phänomen Feng-Shui. Der chinesische Respekt vor dem Leben der Landschaft, wie in Feng-Shui ausgedrückt, zwang Missionare dazu, die oberen Teile ihrer Kirchen wieder zu entfernen, und Bahnerbauer, den Verlauf ihrer Bahnstrecken zu verändern, um der chinesischen Auffassung der verborgenen Kräfte in der Landschaft zu entsprechen.

Der tief verwurzelte Glaube der Chinesen an Feng-Shui war so bedingungslos, daß viele der frühen Reibereien die Chinesen fassungslos machten, wenn die 'fremden Teufel', die Kirchtürme, Bahnstrassen und andere unpassend gerade gestaltete Dinge bauen wollten, von den grundsätzlichen Prinzipien der Natur keine Ahnung hatten.

Geschichtlich hat sich China immer als das ausgewogene 'Reich der Mitte' betrachtet, der Mittelpunkt der bewohnbaren Welt. Eine gleichbleibende Außenpolitik über einige Jahrtausende hinweg, die China vom Rest der Welt trennte, verstärkte diese Ansicht, und wird erst jetzt auf politischer Ebene bewußt abgebaut. Ein naives Ergebnis davon ist, daß die traditionelle chinesische Geographie darauf bestand, daß alle Flüsse nach Osten fließen (was in China bei den meisten tatsächlich der Fall ist), und daß alle hohen Berge, die Ursprünge der Flüsse, im Westen sein mußten. Zusätzlich stellte diese formalisierte Geographie den Süden als den Quadranten der größten Wärme und daher des größten Nutzen oder Guten dar, während die meisten kalten Winde (feng) vom dunklen Norden stammen.

Dementsprechend waren sämtliche chinesischen Landkarten so orientiert, daß der Quadrant der höchsten Güte, der Süden, oben auf dem Blatt zu finden war. Wir werden uns an diesen Brauch, der sich genau entgegen dem der westlichen Kartographie verhält, halten, so daß sich der Norden unten auf einer Seite befindet, der Osten links und der Westen rechts. Obwohl dies der Gewöhnung bedarf, hat es symbolischen Nutzen, nach dem chinesischen Modus zu denken, und es erleichtert das Verständnis von Feng-Shui-Texten um einiges.

Also ist die Lage der Welt, einer Stadt oder eines beabsichtigten Baustandortes für den Betrachter im Norden so ausgelegt, wie in Abbildung 1 dargestellt. Südlich ist auch die Richtung, in die viele Wogen von Invasoren über China strömten. Die vier Tiere, die traditionell den Himmelsrichtungen zugesprochen werden, tragen Farben, die ihre geographischen bzw. klimatischen Attribute wiedergeben.

Mit dieser Orientierung, und abgesehen von den Regeln des Feng-Shui, gebietet einem der gesunde Menschenverstand, die Behausung vor den bitteren Winterwinden des Nordens zu schützen und den wohltuenden Lüften des

21

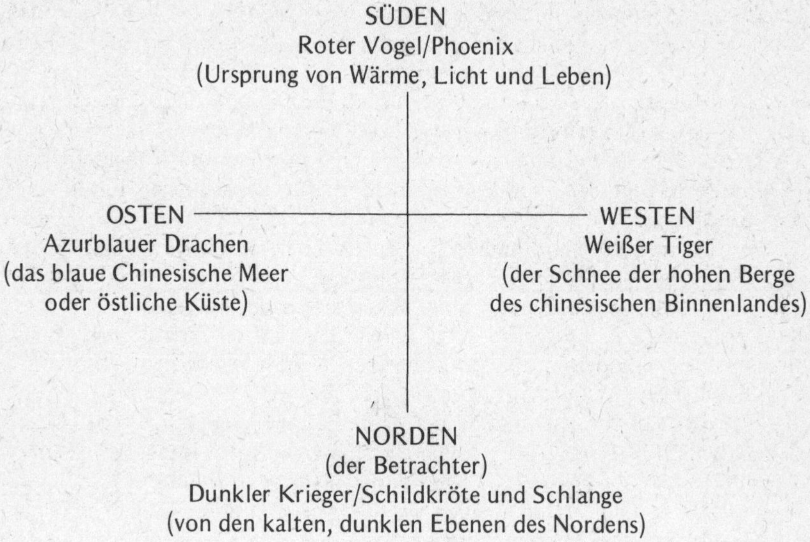

```
                    SÜDEN
               Roter Vogel/Phoenix
        (Ursprung von Wärme, Licht und Leben)
                       |
                       |
  OSTEN ───────────────┼─────────────── WESTEN
  Azurblauer Drachen   |               Weißer Tiger
(das blaue Chinesische Meer)       (der Schnee der hohen Berge
   oder östliche Küste)            des chinesischen Binnenlandes)
                       |
                       |
                    NORDEN
                 (der Betrachter)
         Dunkler Krieger/Schildkröte und Schlange
         (von den kalten, dunklen Ebenen des Nordens)
```

Abb. 1 Orientierung der Lage und Verhältnisse unter den Tiersymbolen der Hauptrichtungen des Kompasses

Sommers und Südens Zugang zu verschaffen. Wenn Wohlstand je mit Gesundheit verknüpft war, dann hat die Theorie, die Feng-Schui unterliegt, eine tatsächliche fundierte Basis in China!

Nach der Folgerung 'oben wie unten' identifizierten chinesische Geographen die Hauptregionen ihres Landes mit diversen Konstellationen des nächtlichen Himmels, die über diese herrschen sollten. Es ist offensichtlich, daß dies ein Überlappen zwischen Astronomie, Geographie (ti li) und Feng-Shui mit sich bringt, was in einem System unvermeidbar ist, das gegenseitige Wechselwirkungen als essentielle Eigenart eines lebendigen Universums betrachtet. Innerhalb dieses Rahmens befindet sich eine Anzahl von praktischen, soziologischen, standortbestimmenden und sogar sanitären Überlegungen, die unter anderem nicht weit von den Überlegungen moderner Städteplaner entfernt sind.

Die makrokosmische Ansicht der Wechselbeziehung der Sternbilder und der Geographie des gesamten chinesischen Reichs wird in dem pragmatischeren Angehen in Bezug auf die Auswirkungen gewisser Himmelskörper auf Ortschaften oder einzelne Häuser wiedergegeben.

Wohnstätten sind unterteilt in die für die Lebenden (Häuser) und die der Toten (Grabstätten und Gräber), denn die Chinesen erkennen keinen Bruch zwischen den Lebenden und den Toten im Sinne von Familie oder Beziehungen zu Ahnen.

Gleichzeitig muß eine mikrokosmische/makrokosmische Achse berücksichtigt werden, so daß der Wirkungsbereich von Feng-Shui wie in Tabelle 1 dargelegt werden kann.

Tab. 1 Makrokosmische und mikrokosmische Standortbestimmung für Lebende und Tote

	Yang Chai (Häuser) Ort der Lebenden	Yin Chai (Grabstätten) Ort der Ahnen
Makrokosmisch	Staat oder Reich Stadt oder Ortschaft Haus	Grabstätten der Kaiser Sippentempel Grab
Mikrokosmisch	Orientierung der Räume des Hauses	Orientierung der Grabstätte

Obwohl sich viel von dem verfügbaren Material zu Feng-Shui mit Yin Chai oder der Bestimmung von Grablagen befaßt, können die meisten dieser Regeln übertragen werden, um die Kompliziertheit der Standortbestimmung bei Yang Chai zu verdeutlichen. Gleichermaßen sind die Regeln für die Lagebestimmung einer Stadt nützlich bei der Standortbestimmung eines Hauses.

Die Zwei Schulen des Feng-Shui

Diese Klassifizierungen sind überlegt mit den beiden hauptsächlichen Gedankenrichtungen innerhalb Feng-Shui, der Form-Schule und der Kompass-Schule. Die erste und ältere der beiden befaßt sich mit der sichtbaren Beschaffenheit der Landschaft, in der sich der infrage kommende Standort befindet, ob Yang Chai (Haus) oder Yin Chai (Grabstätte). Die Kompass-Schule befaßt sich jedoch mit einer Zeit-Achse und einem komplexen Satz von Verhältnissen zwischen 'sensiblen' Richtungen, die von einem komplizierten Kompass mit vielen Ringen angezeigt werden.

Jede der beiden Schulen hat eine Anzahl von Bezeichnungen, von denen diese die am verbreitetsten sind:

1 Schule der Gestalt und Anordnung (hsing shih), auch Schule der Formen genannt, sowie Kanchow-Methode und Kiangsi-Methode, (letzteres ist ein Hinweis auf ihren geographischen Ursprung und den Wohnort ihres Patriarchen, Yang Yün-Sung). Sie florierte in den Provinzen Kiangsi und Anhui, und wird heute als die 'Schule der Bergspitzen und Lebendigen Verkörperung', oder auch das Intuitive Angehen, bezeichnet.

2 Schule der Richtungen und Positionen (fang wei), oder Kompass-Schule, auch die Fukien-Schule genannt (nach ihrem wahrscheinlichen Ursprungsort und der Heimat von Wang Chih, einem ihrer frühen Verfechter), sowie die 'Methode des Menschen', oder 'Methode der Häuser und Wohnstätten'. Auf chinesisch heißt sie oft die tsung miao chih fa (Saal der Ahnen) Methode, li ch'i chia (nach Shen Hao) oder die Min Schule. Sie florierte in den Provinzen Fukien und Chekiang, sowie in Taiwan und Hong Kong, wo

sie die Schule des ch'i-Musters (li ch'i) oder das Analytische Angehen genannt wird.

Um die Wende vom 19. zum 20 Jahrhundert herum waren die beiden Schulen nicht mehr getrennt deutlich. Männer des Feng-Shui übten beide Methoden der Standortbestimmung aus, in Fukien sowie Kiangsi, wie De Groot berichtet, aber sie behaupteten weiterhin, daß es eine deutliche Trennungslinie zwischen den beiden Stilrichtungen gäbe. Selbstverständlich sind die bergigen Gegenden des Südens (Kwangsi) empfänglicher für die Form-Schule, während diejenigen, die in den flachen Ebenen lebten, den Kompaß benötigten, um wohlbringende Richtungen festzustellen, wo die Landschaft ohne klare Merkmale oder bemerkenswerte Besonderheiten war.

Die Form-Schule: Yang Yün-Sung

Yang Yün-Sung (oder auch Shuh-Meu, wie er manchmal genannt wird, ca. 840–888 n.Chr.), war ein kaiserlicher Feng-Shui-Meister oder hsien-sheng am Hofe des Kaisers Hi-Tsung von 874–888, sowie ein Sohn der Provinz Kwangsi, und verbrachte den größten Teil seines Lebens in Kiangsi. Aufgrund seines weitverbreiteten Rufes und der Werke, die er verfaßte, wurde er schon immer als der Patriarch der Schule der Formen angesehen. Er gab der Form der Berge und der Richtung von Wasserwegen ausdrückliche Bedeutung, wie auch den Einflüssen des Drachens, die unter diversen Namen und Aspekten in seinem System von großer Bedeutung sind. Die Titel drei seiner Schriften befassen sich dementsprechend mit Drachen: "Han Lung Ching" oder "Klassiker über die Kunst, den Drachen zu wecken", meistens "Klassiker des sich rührenden Drachens" genannt, "Ch'ing-Nang Ao-Chih" oder "Geheime Bedeutungen des Universums", "I Lung Ching" oder "Lehre von der Annäherung von Drachen", welches sich besonders mit solchen Formen und Umrissen beschäftigt, bei denen weder Drachen noch Tiger deutlich hervorragen und mehr oder minder verborgen bleiben. "Shih-Erh Chang-Fa" oder "Methode der Zwölf Sprossen-Linien", das ein Klassiker geworden ist für die Feststellung der 'hsüeh' oder 'Höhle' des Drachens, in der es am wohlbringendsten ist zu bauen oder zu begraben, ist in "Ch'ing-Nang Ao-chih" mitenthalten.

Die Form-Schule wurde als erste formell etabliert und ist am natürlichsten basiert, da sie die Anordnung der Landschaft berücksichtigt, wie sie vom Standort des Gebäudes oder der Grabstätte aus gesehen wird.

Die Kompaß-Schule: Wang Chih

Erst zur Zeit des Aufstiegs der Sung-Dynastie (960 n. Chr.) waren alle Elemente des Feng-Shui in ein System zusammengefaßt. Es hatte einen festen philosophischen Sockel und war methodisch aufgebaut, so daß es jede Form des Einflusses enthielt, die der Himmel auf die Erde ausüben soll, sowie die Einflüsse, die man Himmel und Erde in Bezug auf menschliche Angelegenheiten zuschrieb. Unter dem Einfluß der metaphysischen Spekulationen der Sung-Dynastie entstand eine zweite Schule des Feng-Shui, die besonders das 'kua', die acht Trigramme, die Himmlischen Stämme und Irdischen Äste sowie die Sternbilder hervorhob, und den tatsächlichen Anordnungen der Erde einen Rang von geringer Wichtigkeit zuwies. Der Hauptvertreter der Kompaß-Schule, Wang Chih (auch Chao-khing oder Khung-chang genannt) verbrachte den späteren Abschnitt seines Lebens im Norden der Provinz Fukien, wo er seinen "Kanon des Kerns oder der Mitte" und "Abhandlungen über die Fragen und Antworten" verfaßte, die beide von seinem Schüler Yeh Shuh-liang veröffentlicht wurden.

Der Schriftsteller der Ming-Dynastie Wang Wei (1323—74) faßt die Positionen der beiden Schulen und ihre Hintergründe in dem "Lung heng" folgendermaßen zusammen:

Die Theorien der Geomanten (sic) haben ihren Ursprung in der uralten Yin-Yang-Schule. Obwohl die Alten beim Bau ihrer Städte und Gebäude deren Standorte immer (nach Feng-Shui) auswählten, begann die Kunst, Lagen für Grabstätten auszuwählen, mit dem "Tsang shu" (Buch der Beisetzungen) in 20 Teilen, geschrieben von Kuo P'o der Chin-Dynastie. . . . <u>In späteren Zeiten</u> waren die Praktizierenden dieser Kunst in zwei Schulen gespalten.

Die eine wird 'tsung miao chih fa' (Kompaß-Schule) genannt. Sie begann in Fukien und ihr Ursprung reicht weit zurück. Mit Wang Chih der Sung-Dynastie gewann sie an Gewichtigkeit. Ihre Theorie betont die Planeten und die Trigramme; ein Yang-Hügel sollte in einer Yang-Richtung stehen, und ein Yin-Hügel in einer Yin-Richtung, damit sie sich nicht stören. Ausschließliches Vertrauen wird den acht Trigrammen und den Planeten geschenkt, die angewendet werden, um die Prinzipien von Entstehung und Zerstörung festzustellen. Das ist eine Kunst, die noch in Chekiang erhalten bleibt, aber nur wenige wenden sie an.

Die andere wird die Kiangsi-Methode (Form-Schule) genannt. Sie begann mit Yang Yün-sung und Tseng Wen-ti aus Kanchou, und ihre Doktrinen wurden besonders von Lai Ta-yu und Hsieh Tzu-i verfeinert. Ihre Theorie betont besonders Formen der Landschaft und des Bodens (hsing shih), und verfolgt sie von dort, wo sie aufsteigen bis dahin, wo sie enden, und stellen so Position und Orientierung. (Die Praktizierenden) schenken ihre ganze Aufmerksamkeit der Übereinstimmung der Drachen, der Richtigkeit der Standorte, der hervorragenden Beschaffenheiten und den Gewässern, und weigern sich, etwas anderes zu diskutieren. Heutzutage (die Zeit der Ming-Dynastie) folgt dem jeder südlich des Yangtze.

Die Form-Schule wendet einen größeren Grad von intuitiver Einsicht an, während die Kompaß-Schule, obwohl sie komplexere Theorien hat, subjektiver und mechanischer in der Anwendung vorgeht. Oder, wie Chao Fang es (im 'Tsang shu wen ta') ausdrückt: 'In der Form-Schule sind die Prinzipien klar, aber ihre Anwendung ist schwierig... mit dem Kompaß sind die Prinzipien verborgen aber die Ausübung ist leicht.'

Die Überlegungen des Handbuchs für 'Yang-Wohnstätten' sind unterdessen erkennbar, aber die Gründe, warum Gräber gewissenhaft nach Feng-Shui

Prinzipien plaziert werden sollten, ist weniger offensichtlich. Grundsätzlich muß bedacht werden, daß ein Ahne für den Chinesen eine sehr wichtige Person war, und die Verbindungen innerhalb der Familien erheblich enger waren als die, die im Westen erlebt werden. Ausgedehnte Familien oder Sippen, die zusammen wohnten, oft mit drei oder mehr Generationen unter dem selben Dach, verstärkten diese Einstellung, so daß das Umsiedeln eines Großvaters oder einer Großmutter wichtiger war (wenn sie den Status eines verstorbenen Ahnen angenommen hatten) als ihre Wohnstätte, als sie noch lebten.

Ferner wurden die distinguierteren Ahnen oder Sippenoberhäupter Gegenstände der Verehrung, um sicher zu stellen, daß sie die Lebenden weiterhin wohlwollend betrachteten, und auch weil sie als Geister erhebliche Macht über die Schicksale, Erfolge und Lebensumstände der Lebenden besaßen. Diese Macht wirkte besonders innerhalb von Blutsverwandtschaften, und dementsprechend war das Wohlbefinden eines Ahnen ein äußerst wichtiger Teil des chinesischen Rituals.

Merkwürdigerweise wurde sogar geglaubt, daß Ahnen mit positivem Feng-Shui 'manipuliert' werden könnten, um ihren Nachkommen Vorteile durch das Anhäufen von ch'i zu verschaffen, ob die Ahnen dies wünschten oder nicht.

Ein unabdingbarer Teil des Systems der Ahnenverehrung, welches in China älter ist als Taoismus oder Konfuzianismus, ist der Glaube, daß die Seelen der Ahnen mit dem Ort ihres Grabes verbunden sind. Da sie einen unmittelbaren Einfluß auf das Leben ihrer Nachkommen ausüben, ist es eine logische Folgerung, daß, wenn die Gräber an einem Standort mit einer starken Konzentration von Erdenergie, oder ch'i, gut plaziert sind, die Ahnen nicht nur glücklich sein werden, sondern durch das angesammelte ch'i des Ortes Kraft schöpfen werden, um ihren Nachkommen zu helfen. Eitel (1873:21) drückt es so aus:

> Die Geschicke der Lebenden hängen zu einem gewissen Grad von den günstigen Situierungen der Gräber ihrer Vorfahren ab. Ist das Grab so plaziert, daß der tierische Geist des Verstorbenen, der dort wohnen soll, sich wohl fühlt, frei von störenden Elementen, so daß die Seele ungehinderten Eingang und Ausgang hat, so werden die Geister der Vorfahren ihren Nachkommen gegenüber positiv eingestellt sein, werden in der Lage sein, sie ständig zu umgeben und bereit sein, sie mit allen Segen, die für die Geisterwelt erreichbar sind, zu überhäufen. Der Glaube an den Einfluß der Toten auf die Lebenden ist so tief eingefleischt, daß Chinesen, die in die Gnade von Ausländern gelangen möchten, sich tatsächlich zu den Friedhöfen Hongkongs im Tal des Glücks begeben, um dort an den Gräbern von Ausländern Opfer zu bringen, in der Annahme, daß die Geister der dortigen Toten, zufriedengestellt durch ihre Verehrung und Opfergaben, die Geister der Lebenden beeinflussen würden, und so ein gegenseitiges gutes Verständnis zwischen allen Beteiligten hervorgerufen würde.

Demzufolge ist die Kunst und Wissenschaft des Feng-Shui von oberster Wichtigkeit in der Findung einer Grabstelle mit bestmöglichen Aspekten, da diese Entscheidung Auswirkungen auf das Wohlergehen sämtlicher Kinder des Verstorbenen und deren Familien hat.

Da der chinesische Glaube mindestens drei spirituelle Prinzipien oder Seelen anerkannte, neben dem physikalischen Körper, war es erforderlich, daß jede mit äußerster Sorgfalt zur Ruhe gelegt wurde. Eine Seele (p'o) bleibt im Grab bei dem Körper und profitiert von dem hoffentlich guten ch'i des Standortes, eine bewohnt die Ahnentafel des Hausaltars (eine Verbindung, durch die positive Auswirkungen des Feng-Shui der Grabstätte Wirkung auf die Familie ausüben) und eine Seele (hun) geht in die andere Welt über, ins Fegefeuer oder das Paradies, und ist für den Einfluß des Feng-Shui mehr oder weniger unerreichbar.

Aus John Blofelds ausgezeichnetem taoistischen Buch "Beyond the Gods" stammt eine Geschichte, die die enge Beziehung zwischen zwei Seelen eines Menschen zeigt, von denen in diesem Fall eine im Grab unter den Folgen einer schlecht durchdachten Beisetzung leidet, und die andere die Ahnentafel bewohnt, und so frei ist, das Haus zu durchziehen und die Nachkommen zu beeinflussen.

Die andere Geschichte... wurde mir in aller Ernsthaftigkeit von einem Kommilitonen, einem malayischen Chinesen, während unserer Studienzeit zu Cambridge erzählt. Als er noch zu jung war um den Tod zu begreifen, wurde ihm von seinen Eltern mitgeteilt, daß sein Großvater gestorben sei. Es fiel ihm schwer zu verstehen, warum sein Vater und seine Mutter so betrübt aussahen, denn der Tod, was immer er zu bedeuten hatte, hatte seinen Großvater nicht wesentlich verändert. Er konnte oft beim Herumwandern im Hause nachts beobachtet werden, und sah so schlecht gelaunt aus wie immer. Aber als sein Vater davon zu hören bekam, wurde er schrecklich blaß und sagte in ungefähr: 'Ach, lieber Junge, dein Opa muß sich in schlimmen Nöten befinden, sonst hätte sein ruheloser Geist dieses Haus für immer verlassen. Das nächste Mal, wenn du ihn siehst, merke dir, daß du ihn fragst.'

Furchtlos befragte das Kind seinen Großvater bereits beim nächsten Treffen.

'Mein Junge, du kannst es dir nicht vorstellen', erwiderte der Geist. 'Ich kann überhaupt keine Ruhe finden. Die Torwachen des chinesischen Himmels jagen mich fort und erklären, es gäbe keinen Einlaß für Leute in Kleidern nach Art der Europäer, wie diesem weißen Segeltuchanzug, mit dem dein Vater meine Leiche so gedankenlos gekleidet hat. Am christlichen Himmel ist es dasselbe. Die Wachen jagen mich fort, weil irgendjemand irgendwann versäumt hat, Weihwasser auf meine Stirn zu sprenkeln. Nun bleibt mir nichts anderes übrig, als unaufhörlich unter den unglücklichen Verblichenen herumzuwandern, die, da sie kinderlos sind, keine Nachkommen haben, die Opfer an ihren Gräbern bringen könnten, und das ist eigentlich sehr ungerecht, wenn man bedenkt, daß ich nicht weniger als sieben Söhne zeugte. Die bringen zwar Opfergaben, aber ich bekomme nicht einmal den Duft zu riechen, denn die Essenz der Speisen und Getränke zieht direkt in den Himmel.'

Als das Kind seinen Eltern von diesem Problem berichtete, wurde die

Leiche des alten Mannes schnellstens ausgegraben, und der untaugliche weiße Segeltuchanzug gegen ein chinesisches Gewand ausgetauscht, wonach der Geist nie wieder gesehen wurde.

Ahnenverehrung findet am 1. und 15. Tag jedes Mondmonats statt, sowie am jährlichen Todestag des Vorfahren. 'Verehrung' ist eigentlich eine irreführende Bezeichnung, da es keinen Gedanken dahingehend gibt, der Verstorbene wäre ein Gott geworden (obwohl einige der kaiserlichen Vorfahren dies taten), sondern es ist die Pflicht der Kinder oder der Ausdruck echter Zuneigung, und außerdem muß die begrenzte Macht des Verstorbenen, seinen lebenden Nachfahren zu helfen oder sie zu beeinträchtigen, günstig gestimmt oder sogar umschmeichelt werden.

Die Pflicht der Kinder, die zum Teil ein Grund für Ahnenverehrung darstellt, ist eine Verlängerung der konfuzianischen Ethik, die zur Basis eines kaiserlichen Gesetzes wurde, nach dem Respekt vor älteren Menschen, ob lebend oder tot, eine primäre Pflicht wurde. Also war die 'Verehrung' von Vorfahren nicht nur gedacht, um ihr Wohlwollen zu erlangen, sondern auch um Gnade anzusammeln durch die regelmäßige Anwendung dieses konfuzianischen Prinzips. Die 'Verehrung' fand dadurch statt, daß der Seele des Verstorbenen die Notwendigkeiten dargeboten wurden, die er zu Lebzeiten gehabt hatte: Speisen werden gekocht, kleingeschnitten und mit Eßstäbchen und vielen Verbeugungen vor der Ahnentafel ausgelegt. Die Tafel wirkt fast wie ein Talisman für die Aufbewahrung der Seele des Verstorbenen. Das Ritual wird vom Oberhaupt der Familie zugunsten der Familie durchgeführt.

Eine typisch chinesische Befürchtung ist, wie in Blofelds Anekdote verdeutlicht, daß die Linie der Nachkommen aussterben wird und es niemanden mehr geben wird, der sich um die Belange der Seele kümmert. In diesem Fall wird die Seele zu einem 'hungrigen Geist', der im allgemeinen rachsüchtig wird und Reisenden Schäden zufügt. Es kann irgendwann erforderlich werden, ihn durch einen Mönch oder Priester wie einen Dämon auszutreiben.

Die Angst, entweder die Opfergaben nicht empfangen zu können oder keine Nachkommen zu haben, die sie darbieten könnten, ist eine sehr reelle. Daher die Wichtigkeit einer guten Feng-Shui Bestattung, die der p'o einen bequemen Wohnort verschafft und sicherstellt, daß es viele wohlbefindliche Nachkommen geben wird, die die Verehrung weiter betreiben und die hun des Verstorbenen nähren.

Nicht weniger wichtig ist die Wahl des Standortes des Wohnhauses der Lebenden, oder die Veränderung seiner Räume um das spätere Glück, den Wohlstand und die Gesundheit der Einwohner zu verbessern.

2 Das Blut der Erde: Ch'i

Der Bruchteil des Magnetfeldes der Erde, der von außenbefindlichen Quellen stammt, wird jetzt als wichtige Repräsentation der elektromagnetischen Aktivitäten innerhalb der oberen Atmosphäre der Erde verstanden.... der täglich variierende Teil des Magnetfeldes der Erde kann elektrischen Strömungen hoch in der oberen Atmosphäre der Erde zugeschrieben werden. (Artikel über das Magnetfeld der Erde aus 'Encyclopedia Britannica', Bd. 6, 1974)

Welcher gedanklichen Schule auch immer gefolgt wird, das Hauptziel bleibt die Verdeutlichung des ch'i-Gehalts eines Ortes. Es gibt in der westlichen Terminologie nichts gleichbedeutendes für ch'i, außer vielleicht dem hebräischen 'ruach', das mit 'Lebensatem' übersetzt wurde. Ch'i ist die aktive Energie, die durch die Formen fließt, die durch li produziert wurden. Als solches ist es für die Veränderungen der Formen verantwortlich, die für alle lebenden Dinge charakteristisch sind, auch für die Erde selbst.

Ch'i wirkt auf jeder Ebene. Auf der menschlichen Ebene ist es die Energie, die entlang der Akupunkturmeridiane des Körpers fließt, auf der Ebene des Ackerbaus ist es die Kraft, die, wenn sie nicht stagniert, fruchtbare Pflanzen hervorbringt, und auf der klimatischen Ebene ist es die Energie, die vom Wind und den Wassern getragen wird.

Zu den diversen Formen des ch'i gehören sheng ch'i, das vitale ch'i, und ssu ch'i, das erstarrte ch'i. Das erstere ist Yang ch'i, das zweite Yin ch'i, so daß sheng ch'i am besten während der Stunden der aufsteigenden Sonne (Mitternacht bis Mittag) fließt, während ssu ch'i in den Stunden der sinkenden Sonne (Mittag bis Mitternacht) vorherrscht. Im Verlauf der Bewegung der Sonne von Ost nach West wechseln sich die Punkte des Kompasses ab, bei denen man entweder sheng ch'i oder ssu ch'i erwarten kann. Ch'i nimmt zu und ab, genau wie die Meeresgezeiten, nicht nur im Verlauf des Tages, sondern auch mit den Jahreszeiten, sowie innerhalb des Rahmens des 60-Jahre-Zyklus, auf dem der chinesische Kalender basiert. Daher ist es wichtig den derzeitigen Stand des ch'i im Verhältnis zur Uhr und dem Kalender festzustellen, wenn ein ernstzunehmender Vorgang begonnen wird, wie zum Beispiel Bauen, Verändern einer Wohnstätte, Umziehen oder das Kaufen oder Verkaufen von Immobilien. Dies kommt einfach zum Ausdruck im "Klassiker der Standorte", das erklärt, wie wichtig es ist, dann zu handeln, wenn ein vitaler Fluß von ch'i zugange ist, der die Biosphäre des Standortes auflädt:

> Jedes Jahr hat zwölf Monate, und jeder Monat enthält Positionen in Zeit und Raum von vitalem und erstarrtem ch'i. Wenn man zu einer vitalen ch'i-Position eines Monats baut, wird einem Reichtum zukommen und sich vermehren. Eine monatliche Position von erstarrtem ch'i anzutasten bringt Unglück und Verheerung nach sich.

Die Wechselbeziehung zwischen Zeit, Raum und ch'i wird im "Klassiker der Standorte" anhand der Zwölf Irdischen Äste (ti chih) und der Zehn Himmlischen Stämme (t'ien kan) erklärt, die angewendet werden, um den Ablauf der Zeit zu markieren. Die Zwölf Irdischen Äste kennzeichnen die zwölf Doppelstunden des Tages sowie die zwölf Richtungen des Kompasses. In Kombination mit den Zehn Himmlischen Stämmen bilden sie den Zyklus der 120 fen-chin, was auch die Zyklen der 60 Tage und 60 Jahre des chinesischen Kalenders anspricht. (Diese Bezeichnungen werden in Kapitel 4 erklärt.)

Daher findet eine Veränderung der Richtung und Qualität des ch'i alle zwei Stunden statt, und die momentane Beschaffenheit des ch'i wiederholt sich erst in 60 Jahren. Deshalb ist die genaue Feststellung der besten Beginnzeit für jedes Unternehmen, das mit ch'i zu tun haben könnte, und das betrifft auch Vorhaben, die außerhalb des Bereiches Bauen liegen, eine äußerst präzise Wissenschaft.

Für die Kompaß-Schule des Feng-Shui ist die Wechselbeziehung der Stämme und Äste mit Zeit und Raum sehr wichtig. Jedoch dachte die Form-Schule bei ch'i mehr im Sinne seiner 'pneumatischen Zirkulation' und betrachtete den Kreislauf des ch'i fast in der gleichen Art wie ein moderner Geograph den hydrologischen Zyklus betrachtet. Genau wie das Wasser von den Oberflächen der Ozeane und Flüsse verdunstet und zum Himmel emporsteigt, bevor es kondensiert und als Regen niederfällt, um genau diese Flüsse zu bilden, so fluktuiert der Kreislauf des ch'i zwischen Himmel und Erde. Wenn vitales ch'i kompaktiert oder gesammelt wird, fördert es Wachstum jeder Art, das für den Menschen vorteilhaft ist. Wo es verstreut wird herrscht Unfruchtbarkeit, und wo es erstarrt ist, dort ist Tod und Verfall. Jedes ist eine natürliche Phase im Kreislauf des ch'i, und es liegt an uns, diesen Zyklus für uns zu nutzen, genau wie der Bauer die klimatischen Veränderungen im Laufe des Jahres nutzt, und im Frühjahr anpflanzt, um im Herbst zu ernten, anstatt es umgekehrt zu versuchen, was natürlich katastrophal wäre.

Genau wie der Bauer nach einer Quelle mit frischem Wasser suchen könnte, so kannst du ch'i aufspüren oder es dazu bringen, aus dem Boden hoch zu quellen. Solche Stellen kommen am ehesten dort vor, wo sich die Formen der Landschaft abwechseln, an einer Flußbiegung oder am Übergang von flach zu hügelig, oder beim Zusammentreffen von Yang und Yin Bodenformen. In jedem Fall wird dieser natürliche Knotenpunkt zusätzlich von den ihn umgebenden Strömungen von Wind und Wasser beeinflußt.

Um Feng-Shui zu verstehen ist es unabdingbar, ch'i zu schätzen. Auf der mikrokosmischen Ebene ist ch'i die Energie des Körperatems, der, wenn er in verschiedenen Teilen des Körpers konzentriert wird, den Praktizierenden befähigen kann, die erstaunlichen Leistungen der chinesischen Kampfkunstschulen zu vollbringen.

Was für den Mikrokosmos zutrifft, hat auch für den Makrokosmos Gültigkeit, und ch'i wird natürlich angesammelt und kann an gewissen Stellen in der Erde verbessert werden, wenn landschaftlich Veränderungen unter Anwendung der Regeln von Feng-Shui durchgeführt werden.

In "Tao-Magic" (1975, S. 13), erklärt Lashlo Legeza ch'i:

Ch'i, der Vitale Geist, erfüllt die Welt des Taoisten. Es ist der Kosmische Geist, der alle Dinge belebt und durchzieht, der dem Menschen Energie gibt, der Natur Leben, dem Wasser Bewegung, und den Pflanzen Wuchs. Es wird von den Bergen, wo die Geister wohnen, als Wolken und Dunst ausgeatmet, und daher sind die wallenden Bewegungen von Wolken, Dunst oder Luft, die mit dem emporsteigenden Rauch von brennendem Weihrauch erfüllt ist, charakteristische mystische Darstellungen des ch'i in der taoistischen Kunst.

(Man beachte die Betonung von Wolken und Dunst, des Feng und Shui, die Drachen in den Lüften bilden. Dies unterstreicht die Verbindung zwischen Feng-Shui und ch'i. Aber weiter:)

Als Universale Kraft oder Ewige Energie, steht es im Mittelpunkt der taoistischen Atemübungen, die auch die Kunst des Riechens und die Anwendung von Weihrauch beinhalten. In okkulten Diagrammen ist es der Grund für die bevorzugte Verwendung asymmetrischer Gestaltung. Das "Pao-p'o tzu" besagt: 'Der Mensch ist in ch'i, und ch'i ist innerhalb des Menschen selber. Vom Himmel und der Erde bis hin zu aller Art von Erschaffung ist da nichts, was nicht ch'i benötigen würde, um am Leben zu bleiben. Der Mensch, der es versteht, sein ch'i zirkulieren zu lassen, erhält seine eigene Person und bannt Übel, die ihm schaden könnten.'

(Dies bezieht sich auf die innere Kultivierung der taoistischen Sexualalchemie.) Dieselbe Quelle erwähnt eine Methode des Verzauberns durch das einfache Vermehren des Atems (ch'i). Der Taoist Chao Ping konnte Ströme mit seinem Atem verzaubern, so daß ihr Wasserspiegel bis zu sieben Meter sank. Unter Anwendung derselben Technik konnte er Kochfeuer auf Strohdächern entfachen, ohne daß die Behausungen Feuer fingen, kochendes Wasser harmlos machen, so daß es nicht verbrühte, und Hunde am bellen hindern.

Dieses ist die magische Anwendung von ch'i, auf der die gesamte taoistische Magie beruht, worüber Einzelheiten auch in John Blofelds "The Secret and the Sublime" gefunden werden können.

Da ch'i Himmel und Erde durchzieht, sind die ch'i wie folgt unterteilt:

1 Ch'i der Erde (ti ch'i) oder gastgebende ch'i, die in den Drachenadern der Erde leben. Diese durchlaufen die Erde und Wasserwege und können verfallen. Sie werden von der Späteren Himmel Folge der Trigramme beherrscht.

2 Ch'i des Himmels (t'ien ch'i) oder Gast-ch'i werden von dem Zustand von t'ien beinflußt und können die Wirkung der Erd-ch'i umstoßen. Sie wer-

den von der Früheren Himmel Folge der Trigramme beherrscht.

3 Wetter-ch'i, von denen es fünf gibt, vermitteln zwischen den ch'i von Himmel und Erde in derselben Weise, in der der Mensch sich dazwischen befindet und einen gewissen kleinen Einfluß auf beide ausüben kann. Die fünf Wetter-ch'i sind Regen, Schönwetter (oder Sonnenschein), Hitze, Kälte und Wind. Es ist beachtenswert, daß diese Wetter-ch'i, inklusive Wind (feng) und Regen (shui), die beweglichen ch'i sind, die fluktuierenden Elemente zwischen den gebundeneren ch'i des Himmels und der Erde. So wird die Fähigkeit von Feng-Shui, die ch'i von Himmel und Erde einzuschätzen und zu kontrollieren hervorragend wiedergegeben durch die Präsenz von feng und shui unter den vermittelnden Wetter-ch'i. Nicht nur vermitteln die Wetterch'i zwischen den ch'i von Himmel und Erde, sondern sie haben Teil am Wesen beider. Sie sind dem Verfall unterworfen, wie die Erd-ch'i, und werden von beiden Folgen der Trigramme beherrscht. Ihr Verfall wird von der Fluktuation von ch'i bestimmt, die üblicherweise als 'der hervortretende und der zurücktretende Atem' beschrieben wird.

Der zyklische Fluß von ch'i wird von einer Serie von Zeichen beschrieben, genannt die Zwölf Paläste, die das Aufwallen und Abebben der ch'i-Energie im menschlichen Leben darstellt, aber sie kann ebenso bei dem Zunehmen und Abnehmen des ch'i bei einem Standort angewendet werden (siehe Tabelle 2).

Tab. 2 Die Zwölf Paläste

1	shou ch'i	受氣	Atem erhalten
2	t'ai	胎	Mutterleib
3	yang	養	Nahrung
4	sheng	生	Wachstum, oder, geboren zu werden
5	mu yu	沐浴	gereinigt werden
6	kuan tai	冠帶	volljährig werden (wörtlich: Kappe und Gurt anlegen)
7	lin kuan	臨官	sich einem Amt nähern (Beamter werden)
8	wang	旺	Wohlstand
9	shuai	衰	zu verfallen (schwach werden)
10	ping	病	krank werden (Krankheit)
11	ssu	死	zu sterben (Tod)
12	tsang	葬	beerdigt werden (Beerdigung)

Genau wie bei den Gezeiten des Meeres ist es notwendig, das einfließende Leben mit der Flut zu erhalten, wie den Abfall und das Verbrauchte der abziehenden Ebbe zu übergeben. Das ist der Grund, warum Drachen und Tiger ausgewogen sein müssen, mit dem hereinkommenden Drachen aszendierend, damit die positiven Tugenden des ch'i allmählich angesammelt anstatt weggewaschen werden, was der Fall wäre, wenn der Yin-Tiger dominieren würde.

Die beiden Atem der Natur sind jedoch in ihrer Essenz ein Atem. Wenn sie sich vereinen, bilden das männliche und das weibliche Prinzip den Beginn der Dinge; wenn sie sich trennen, verursachen sie Verfall, Auflösung und Tod.

Wenn der Atem des ch'i im menschlichen Körper erschöpft ist, stirbt dieser. Wenn er reichlich vorhanden ist, können Leistungen von fast übermenschlicher Stärke und Geschicklichkeit vollbracht werden. Es ist offensichtlich, daß der eigene Wohnraum mit einer ausreichenden Ballung von ch'i versorgt sein muß, da dies sehr wichtig ist. Der Adept der internen Alchemie oder der Kampfkünste hat es durch ein hartes und erschöpfendes Programm gelernt, ch'i in seinem eigenen Körper zu sammeln, aber für die meisten von uns ist der Grad der passiven Aufnahme von ch'i von unserer Umgebung, zuhause oder am Arbeitsplatz, der Faktor, der unsere Energie und unser Bewußtsein bestimmt. Eine Zunahme des ch'i an einem Ort kommt automatisch denen zugute, die dort leben, und Feng-Shui liefert eine Methode, um dies zu erreichen.

Das Bild ist klar: Die größte Erzeugung von ch'i findet an dem Punkt statt, an dem die Unterleibe des Drachens und des Tigers im Geschlechtsverkehr miteinander vereinigt sind. Die sexuelle Beschaffenheit des Ortes, wo es einen 'plötzlichen Übergang vom männlichen zum weiblichen' gibt, ist die Verbindung zwischen ch'i bezogen auf den Körper der Erde und ch'i bezogen auf den Köper des Menschen: In jedem Fall ist es dieselbe Kraft, die im Geschlechtsverkehr erzeugt wird.

Ch'i in der Auslegung als zeugende Energie verdeutlicht, warum die Standortwahl so wichtig ist für die weiterführende Fruchtbarkeit der Nachfahren desjenigen, der ein Grab bewohnt, dessen Familie sich kräftig vermehren sollten, wenn das Feng-Shui der Grabstätte richtig eingeschätzt wurde.

Da es nunmal nur einen Punkt der sexuellen Vereinigung zwischen zwei Hügelketten gibt, die sich in den Formen von Drachen und Tiger paaren, ist es selbstverständlich, daß die besten Feng-Shui-Lagen extrem rar sind, besonders da die Besitzer solcher Grundstücke vorsorglich bemüht waren, weitere Beisetzungen oder Bauten in der Umgebung zu verhindern, da diese wertvolles ch'i ableiten könnten. Andere Stellen entlang den beiden Hügelketten sind rein zubringende ch'i-Lokalitäten, so wie die diversen Meridiane des Körpers den Fluß des ch'i zwar auch tragen, aber keine so stark sind wie der 'haru' oder die Genitalien selbst.

Die taoistischen Praktizierer von sexuellem Yoga und innerlicher Alchemie nannten ihre Kunst 'die Yoga des Azurblauen Drachen und des Weißen Tigers'. Die Parallele ist durchaus ausdrücklich und nicht lediglich symbolisch.

Wie interpretieren wir die Paarung dieser beiden Symboltiere? Um dies zu verstehen ist es erforderlich, das Wesen des Drachens zu bedenken. Der chinesische Drachen kann auf mancherlei Weise verstanden werden. Das Tier des östlichen Quadranten, der völlig veränderte Unsterbliche, oder, im Feng-Shui Sinne, die Windungen der Landschaft und die Gestalt der Ketten von Berggipfeln. Die Kämme und Linien der Landschaft bilden den Körper, Adern (lung mei) und Puls des Drachens, während die Wasserwege und Becken und unterirdischen Ströme des Drachen Blut bilden. Die Adern und Wasserwege tragen beide das ch'i, die Lebenskraft der Erde. Natürlich tragen auch Baumreihen, Straßen und sogar Bahntrassen ch'i oder geben es in der Landschaft ab. Die Geometrie des Flusses von ch'i kann erstaunlich komplex sein, indem es ein Geflecht oder Netz zwischen den Hauptadern des Drachens bildet, denn kein Teil der Erde ist tot. Einige Teile sind unfruchtbar und manche stagnieren, aber keine sind völlig tot.

Die Menge des fließenden ch'i, ob es sich an irgendeinem gegebenen Punkt ansammelt oder verstreut, das ist der Kern von Feng-Shui. Ein wohlversprechender Standort oder hsüeh (Drachennest) muß nahe an einem guten, starken ch'i-Strom liegen, aber nicht unbedingt auf einer Hauptader oder Arterie, die vorteilhafte Einflüsse sogar so schnell forttragen könnte, wie sie sie herantreibt. Eine Verzweigung in viele Nebenadern von ch'i ist auch ein Nachteil, so wie Flächendrainage bei der Entwässerung die Erdoberfläche genauso schädigen kann wie ein reißender Strom. Merkwürdigerweise sind die Parallelen zwischen einem für den Ackerbau wünschenswerten Entwässerungssystem und dem wirksamsten Fluß von ch'i anhaltend passend. Die beiden kritischen Elemente einer Landschaft vom Standpunkt des Feng-Shui und des Ackerbaus aus gesehen sind die Berge (shan) und die Wasserwege (shui); alles andere wird durch ihre Wechselbeziehung gebildet. Wie Feuchtwang es präzise formuliert: 'Shan und shui sind lediglich die positiven und negativen Aspekte derselben Sache. Die shan folgen denselben Linien wie shui, da jedes shan das Ufer eines shui ist, wenn man shui im weitesten Sinne versteht,.... ob ausgetrocknet oder fließendes Wasser führend.'

So wie das chinesische Angehen an Geographie mit dem mystischeren Feng-Shui verflochten ist, so nimmt sich ihr Angehen an Meteorologie die Wetter-ch'i zur Hilfe, um die Jahreszeiten zu erklären. Mit dem kombinierten Einfluß der fünf Planeten und der fünf Elemente produzieren die Wetter-ch'i die vierundzwanzig Jahreszeiten, welche 'die vierundzwanzig Atemzüge der Natur' genannt werden. Die ch'i in Verbindung mit dem Element Holz und von Jupiter geleitet, erzeugen Regen (shui); mit dem Element Metall kombiniert und von Venus geführt, erzeugen die ch'i schönes Wetter; mit dem Element Feuer und unter Mars erzeugen sie Hitze; zusammen mit dem Element Wasser und dem Planeten Merkur produzieren sie Kälte, und mit Hilfe des Elements Erde und von Saturn beeinflußt, wird Wind erzeugt (feng).

So baut sich die Theorie der chinesischen Meteorologie auf und betrachtet den Zustand der Jahreszeit als eine Messung der aktuellen Beziehung zwischen dem Himmel und der Erde oder dem Menschen. Jeder klimatische Mißstand wird daher einen Zusammenbruch des reibungslosen Funktionierens dieser Beziehung anzeigen, ähnlich wie Shakespeares Verwendung von klimatischen Störungen in "Macbeth", um das Entsetzen der Erde über den Mord eines Königs anzuzeigen.

Wie tangiert dies aber Feng-Shui? Der geschulte Feng-Shui hsien-sheng wird genau auf die Reaktion des Wetters auf das Eintreffen seines Mandanten an dem gewählten Standort achten, um festzustellen, ob beide miteinander harmonieren. Ferner wird der Feng-Shui hsien-sheng bemüht sein, im Voraus die beste Jahreszeit für den Einzug seines Klienten festzustellen, so daß die dann herrschenden Wetter-ch'i in voller Übereinstimmung nicht nur mit den Hauptmerkmalen des Standorts sein werden, sondern auch mit dem Horoskop des zukünftigen Bewohners.

Wenn dieses Aufschieben bei den Beisetzungen der Toten angewendet wird, ist es nicht ungewöhnlich, daß die Gebeine eines nahen Verwandten eine erhebliche Zeit lang unbegraben auf eine glückbringende Jahreszeit warten müssen. In Amoy im vergangenen Jahrhundert sprachen die Missionare in Bezug auf die Tongefäße mit Knochen, die zahlreich an den Hügeln in Erwartung eines günstigeren Beisetzungstermins herumstanden, von 'Topf-Chinesen'. Diese Handhabung, obwohl von ihr aktiv abgeraten wird, wird heute noch in manchen Gemeinden praktiziert, besonders bei Familien, die meinen, für ein passendes Begräbnis sparen zu müssen.

Aber um zur behandelten Frage zurückzukehren: Wie können wir die Strömungen des ch'i örtlich genau feststellen, und ob eine Drachenader nun günstige oder ungünstige Eigenschaften hat, ob sie schnell strömt oder langsam, und ob das Anzapfen einer ausgesuchten Stelle die Ansammlung des kostbaren ch'i zur Folge haben wird?

Als erstes ist es wertvoll zu wissen, daß dort, wo ein echter Drache vorhanden ist, auch ein Tiger sein wird, und beide werden nachvollziehbar sein in den Umrissen der Berge oder Hügel, die eine gebogene Bahn beschreiben. Ferner werden Körper und Gliedmaßen des Drachens oft erkennbar sein; sogar die Adern und Arterien, die von seinem Herzen wegführen, werden in den Formen der Bergkämme oder Hügelketten erscheinen.

In der Regel wird es eine Hauptansammlung von ch'i im Bereich der Genitalien des Drachens geben, während im Bereich der Extremitäten das ch'i eher erschöpft sein wird. In einer Entfernung von zwanzig li (fast 10 Kilometer), wird der Atem schwach und unwirksam. Aber sogar in der Nähe des Herzens wird das ch'i verstreut sein, wenn es nicht durch die umliegenden Hügel oder Berge zusammengehalten wird. Wo der Zugang zu einer Stelle, die ansich reichlich ch'i enthält, ausgebreitet ist und den Wind von allen vier Richtungen heranläßt, wird das ch'i keine Vorteile bringen, weil der Wind es verstreuen wird, bevor es wirken kann.

Die Essenz von gutem Feng-Shui ist, die ch'i-Energie eines gegebenen Standortes einzufangen und anzusammeln, ohne daß sie stagniert.

Einer der Klassiker des Feng-Shui besagt, daß ch'i die Winde reitet und verfliegt, so daß windige Standorte angesammeltes ch'i verlieren werden. Jedoch hält das ch'i an, wo es durch Wasser gebunden wird. Hier haben wir die beiden Elemente des Feng-Shui, Wind und Wasser. Wenn er zu einer sanften Brise gezähmt ist, bringt der Wind das zirkulierende ch'i, das Wasser, wenn es gekrümmt fließt und entsprechend orientiert ist, wird ch'i an einem Ort halten und dadurch seine physikalische und spirituelle Fruchtbarkeit vermehren. Das dritte Hauptanliegen ist, das ch'i nicht stagnieren oder erstarren zu lassen, da es dann zu ssu ch'i wird.

Wenn diese drei Dinge mit der natürlichen Anordnung einer Landschaftsform erreicht werden können, dann ist ein ausgezeichnetes 'Nest' (hsüeh) entdeckt worden. Wenn das Nest das angebrachte Gleichgewicht von Yin und Yang-Landformen aufweist, dann ist die erforderliche Energie vorhanden, um ch'i anzuziehen.

Die Stelle wird ein Nest genannt, weil die Wahl einer Wohnstätte oder eines Hauses für das Wohlsein des Menschen genauso wichtig ist wie für ein Tier sein Nest. Während sich das Tier dies instinktiv aussucht, hat der Mensch diese Instinkte verloren und benötigt dabei Hilfe in der Art, wie Feng-Shui sie gibt.

Ein idealer Standort ist daher einer, der durch eine nördliche Abschirmung von Hügeln oder Bäumen vor den starken Winden geschützt ist, ein Ort, durch den Flüsse oder Bäche gemächlich ziehen, der wie in einen Sessel in eine Umfassung von Höhen eingebettet liegt, vorzugsweise mit offenem Blick nach Süden. Die Hufeisenform, die viele tausend Mal auf chinesischen Friedhöfen wiederholt wird, ist eine künstliche Darstellung der schützenden Höhen hinter einem Standort. Die Ming-Grabstätten nordwestlich von Peking geben eine solche ideale Anordnung in einer natürlichen Landschaft wieder, die offensichtlich für diesen Zweck ausgewählt wurde. Das Nest ist meistens der Kern eines komplexeren Systems von Drachen (lung), das sich von ihm fort erstreckt.

Obwohl es eine Anzahl von günstigen Standorten in jeder Drachenanordnung gibt, wird nur eine die perfekte Stelle sein, von der angenommen wird, daß sich der Weiße Tiger des Westens und der Azurblaue Drachen des Ostens dort sexuell vereinen. In jeder gegebenen Landschaft können dafür eine Anzahl möglicher Stellen aufgefunden werden, aber laut Tradition wird eine davon der anderen unbeschreibbar überlegen sein, der wahre Ort der sexuellen Verbindung. An einer solchen Stelle zu wohnen (oder vielleicht seine Vorfahren dort beizusetzen) ist ein Garant für ein Leben voller spiritueller und materieller Vorteile; ein Standort der vergleichbar ist mit der Vorstellung des Drachens, der die Perle verfolgt.

Jedoch erkennt Feng-Shui — pragmatisch wie immer — an, daß die meisten von uns die Häupter in weniger erhabenen Nestern zur Ruhe legen, und liefert daher zahlreiche Regeln, nach denen die Eigenschaften zur Ansammlung von ch'i an einem Ort verbessert werden können.

Die Formen und Anordnungen sollten als Körper des Drachens betrachtet werden, Wasser und unterirdische Quellen als seine Adern und sein Blut, die Erdoberfläche als seine Haut, das Laub darauf als sein Haar und die Wohnstätten als seine Bekleidung, laut dem "Huang-ti Chai-ching" oder "Standort-Klassiker". Entlang den Kämmen der Höhen, vom Winde beweht und dem Wasser getragen, wie auch entlang den unterirdischen Strömen fließt das vitale ch'i, das das Leben auf der Erde nährt. Die Richtung, aus der dieses ch'i fließt, färbt es mit verschiedenen Qualitäten, von denen sich einige nicht vertragen, andere wiederum komplimentär sind. Um die sich daraus ergebende Mischung von ch'i-Strömungen deuten zu können wird der Ort oft als runde Scheibe oder Kompasskarte betrachtet, mit ch'i-Strömungen, die aus diversen Richtungen ein- und ausströmen. Eine Schule mißt den exakten Graden besondere Bedeutung bei, in deren Verhältnis zur Mitte die Ein- und Ausgangspunkte liegen. Es ist eindeutig, daß, wenn man sich etwas von der zu prüfenden Stelle entfernt, der neue Standort in einem anderen Verhältnis zu den ch'i-Strömungen stehen wird, die nun in veränderten Winkeln auftreten. Dieses Angehen der Sache mit dem Kompass ist anders, aber komplimentär zu dem Angehen der Formen-Schule, das sich mehr auf die intuitive Einschätzung der Drachenformen verläßt, die der Praktizierende bildet.

Sha

Obwohl ein Standort nicht windig oder ungeschützt sein sollte, da dies zu einer Zerstreuung des ch'i führt, soll er wiederum nicht völlig eingeschlossen sein, so daß die Luft nicht zirkuliert oder nahegelegenes Wasser träge fließt oder stagniert, und der Boden feuchten, stinkenden Atem (sha) abgibt, der den Ort als Wohnstätte der Lebenden untauglich macht (aus sehr leicht einsehbaren wie auch Feng-Shui Gründen), und auch undienlich für das Beisetzen der Toten werden läßt (eine Leiche bliebe unter den feuchten Bedingungen nicht lange erhalten).

Das Erhalten des Sarges und der Gebeine in einem Grab wurde als sehr wichtig angesehen. Es wurde sogar behauptet, daß Grabstätten mit einer großen Ansammlung von ch'i und guterhaltenen Gebeinen eines Ahnen nicht nur gute Einflüsse auf seine Nachfahren ausstrahlen, sondern manchmal sogar ein leuchtendes Glühen durch den Boden hoch senden, das angeblich manchmal sichtbar ist. Deshalb sind sehr praktische Überlegungen über die richtige Art von Boden sowie Entwässerungssysteme ein Teil der Lehre des Feng-Shui geworden.

Detaillierte Angaben über die Beschaffenheit des Bodens werden von De Groot (1897:953) gemacht:

> Hohle, flache oder geradlinige Formationen atmen nicht, und sind deshalb von geringem oder gar keinem Wert für Bau- oder Beerdigungszwecke. Im Erstellen von Gräbern sollte auch beachtet werden, daß harter, steiniger Boden ohne Atmung ist. Kompakter, rötlicher Lehmboden ist dagegen voll von Atem und Leben und verhindert dementsprechend den schnellen Verfall von Sarg und Leichnam, und führt dazu, daß die Knochen hart und weiß werden, geeignet, die Seele eine lange Zeit an das Grab zu binden. Zusätzlich wohnen in lehmigem Boden keine weißen Ameisen oder andere gefräßige Insekten, was Geomanten der Wirkung von ch'i zuschreiben.

Es ist interessant ein Element des Drucks festzustellen, die Seele an das Grab zu binden, als notwendige Voraussetzung für wohlbringende Feng-Shui für die Nachkommen der so gebundenen Seele.

Wenn die Wasserwege nahe des Ortes gerade und schnell ablaufen, wird das ch'i dort auch verstreut und vertan, bevor es einem guten Zweck dienen kann. Nur an Orten, wo das ch'i 'gut zusammengehalten wird, von rechts und von links eingeschlossen, und mit einem Ablauf, der das Wasser in einer gewundenen, anstrengenden Bahn fort trägt', herrschen die besten Bedingungen für die Ansammlung von ch'i.

Wenn wir all diese Faktoren zusammenfassen, die bislang umrissen wurden, dann haben wir ein Bild von den Bedingungen, die erforderlich sind um die beste Stelle für die Ansammlung von ch'i aufzuspüren, die der Feng-Shui hsien-sheng 'das Nest des Drachens' nennt. Diese brauchbare Bezeichnung kennzeichnet entweder einen möglichen Standort, der geprüft wird, oder genauer, einen Ort, dessen Eigenschaften festgestellt worden sind, und der zu einem befriedigenden Maße ch'i ansammelt.

Sha ist die Antithese von ch'i und kann als 'giftige Dämpfe' übersetzt werden. Es ist eine Form von üblem ch'i, und wird oft she ch'i oder feng-sha (giftiger Wind) genannt.

Sha kann durch eine Anordnung der Landschaftsformen erzeugt werden, die zum Verlust von gutem ch'i führt oder übles ch'i aktiv fördert, oder es kann durch gegensätzliche Einflüsse oder Verbindungen erzeugt werden, die vom Kompass festgestellt werden. Es kann aber auch wörtlich einen kalten Wind meinen, der aus der Erde hervortritt (markiert von Hohlstellen), oder durch Lücken in den schützenden Bergketten weht, um die Ansammlung von ch'i zu stören und den Ort unheilvoll zu machen.

'Geheime Pfeile' sind gerade Linien, die, aufgrund ihrer Fähigkeit, ch'i zu befördern, jede Ansammlung von ch'i durchstechen und seine Wirksamkeit vermindern. Solche Linien können gerade Höhenketten sein, Dachgiebel, Bahntrassen, Telegraphendrähte oder jeder Satz gerader, paralleler Linien, der auf die Stelle ausgerichtet ist, die von dem üblen Einfluß dieser 'geheimen Pfeile' betroffen ist. Solche 'geheimen Pfeile' können von einem Ort abgeblockt werden durch eine Mauer, eine Baumreihe, eine Aufschüttung oder achteckige 'Zielscheiben', die mit den erforderlichen abwendenden Zeichen beschriftet sind.

Als generelle Regel, die auch in der Kompliziertheit chinesischer Kunst wiedergegeben wird, gilt, daß die wellige, dahinwandernde Linie ch'i befördert, während die gerade Linie, die scharfe Biegung oder der schnelle Strom Anzeichen von sha sind. In gewissen Weisen sind organische Linien genauso typisch für die chinesische Zivilisation wie die rechteckigen Descartischen Linien ein Anzeichen der westlichen Zivilisation sind. Ein grundsätzliches Attribut von Feng-Shui Drachenlinien und der chinesischen Zivilisation allgemein ist die Kurve, im Gegensatz zu der geraden Linie, die sich nicht nur in der westlichen Architektur ausdrückt, sondern auch in Linien der Äcker, die oft als das Europäische Equivalent der Drachenlinien angesehen wurden. Tatsache ist, daß sie denen diametral entgegengesetzt sind. Gerade Linien, wie wir gesehen haben, sind der Alptraum in Feng-Shui, denn sie rufen sha und die 'geheimen Pfeile' hervor und lassen Dämonen herein.

Die Gestaltung vieler chinesischer Städte und Dörfer verdankt ihre Entstehung mehr dem Vermeiden von sha als der europäischen Besessenheit vom 'kürzesten Abstand zwischen zwei Punkten'. Die größeren Städte wie Canton und Peking, obwohl sie ein in Quadrate geordnetes Straßennetz aufweisen, sind ausreichend durch richtig angelegte Mauern sowie kompensierende Statuen und Pagoden geschützt.

Als allgemeine Regel gilt, daß, wie im Fall von Bergkämmen und Hügelketten, gerade Linien auch bei Bächen, Kanälen und Flüssen unheilbringende Einflüsse hervorrufen. Da Wasser als das Zeichen von Reichtum und Wohlstand angesehen wird, bedeutete das, daß gerade fortlaufendes Wasser das Eigentum der dort Wohnenden wie Wasser wegströmen und versickern lassen wird. Umständliche, kurvenreiche Linien sind ein Anzeichen für die Möglichkeit einer wohlbringenden ch'i-Ansammlung.

Es ist interessant zu bemerken, daß eine im Einklang mit den Regeln des Feng-Shui gefundene Stelle ausdrückliche geographische Vorteile mit sich bringt. Zum Beispiel verlaufen gerade, schnellfließende (pfeilartige) Flüsse oft entlang Erdverwerfungen. Scharfe Biegungen, die auch unheilbringend sind, sind oft Anzeichen von tiefliegenden Strukturdefekten und Unregelmäßigkeiten im Boden. Stark kurvende Flüsse treten jedoch häufig dort auf, wo es große Ablagerungen von angeschwemmter Erde gibt, gutes Land zum Niederlassen. Ähnliche Parallelen geben der Drachen-Lehre des Feng-Shui tatsächlich einen handfesten Hintergrund von gesundem Menschenverstand.

Obwohl manche Standorte nach allen Regeln, die wir bislang betrachtet haben, glückbringend wirken können, sollte die Möglichkeit des giftigen Atems, sha, oder von 'geheimen Pfeilen' immer untersucht werden. Grundsätzlich ist sha das giftige Gegenteil von ch'i. Fortlaufende Geraden werden im allgemeinen als übles Anzeichen betrachtet. Ein typisches Beispiel könnte eine Linie sein, die aus Dachgiebeln derselben Höhe besteht, die in die selbe Richtung zeigen. Jede westliche Stadt weist unzählige Beispiele dieser Art von Linien auf. Genauso ist eine scharf und gerade aufsteigende Böschung förderlich in der Erzeugung von sha.

Glücklicherweise wird sich das Vorhandensein von sha oder einem giftigen Atem meistens durch äußere Zeichen verraten. Es wird gesagt, daß, wo immer ein Hügel oder ein Berg abrupt aus dem Boden emporragt, in einer geraden Linie verläuft oder ein überaus rauhes Aussehen hat, ungemildert durch sanfte Hänge oder Yin-Einflüsse, man erwarten kann, dort auf den gefährlichen Atem zu stoßen. Im allgemeinen sind alle gerade verlaufenden Linien ein Zeichen von Übel, aber dies trifft besonders zu, wenn sie auf einen Ort zeigen, an dem ein hsüeh ausgewählt wurde.

Man nehme an, ein Ort wurde gefunden, wo sich Drachen und Tiger vereinen, jeder gekrümmt wie ein Bogen, jedoch mit seitlichen Kämmen, die gerade verlaufen (wie ein Pfeil in einem Bogen), dann wäre dies eine absolut gefährliche Anordnung, umsomehr wegen der angeblichen Vollkommenheit des Standortes.

Der symbolische Pfeil wird die Drachenader durchstechen und verwunden, in ihr dadurch Entzündung und die Erzeugung von sha hervorrufen. Dies mag eine sehr fantasievolle Auslegung sein, aber es ist eine, die von allen Feng-Shui hsien-sheng sehr ernst genommen wird, und besonders den Exponenten der Formen-Schule, für die die sichtbare Manifestation der Landschaft von oberster Wichtigkeit ist.

Nicht nur mußte die direkte Pfeilrichtung gefürchtet werden, sondern auch die gerade Straße oder Bahntrasse, die, wenn sie gegen die Vorderseite eines Standortes gerichtet war, diesem sehr schnell das angesammelte ch'i ableiten würde.

Es war tatsächlich diese Abscheu vor sha, die in den kolonialen Zeiten dazu führte, daß ein chinesisches Syndikat eine Bahnstrecke kaufte und zerstören ließ, weil sie direkt auf eine Stadt zulief und angenommen wurde, daß die Strecke ihr Schäden zufüge. Gerade verlaufende Bahntrassen und ähnliche Bauten wurden in China mit großer Antipathie zur Kenntnis genommen.

Gerade verlaufende Wasserstraßen, eine Gestaltungform, die in der Natur sowieso ungewöhnlich ist, werden auch vermieden, da besonders <u>Wasser ein guter Leiter von ch'i</u> ist. Wasser symbolisiert Reichtum, und eine gerade Strecke davon, die von einem Standort wegführt, wird, nach Feng-Shui, den Verlust des Wohlstands beschleunigen.

Eine weitere merkwürdige <u>Feng-Shui Kontraindikation</u> betrifft die <u>Gegenwart von freistehenden Felsen oder Steinen</u>. Stehen sie in die Landschaft integriert, indem sie durch Bäume, Sträucher oder Moos gut verdeckt sind, so ist ihr störendes Wesen gedämpft, aber sollten sie herausgestellt und unbedeckt sein, so werden sie den Strom des glückbringenden ch'i vernichten und den Ort unheilvoll werden lassen.

Es gibt viele Geschichten von Gräbern, die sich in Umgebungen befanden, deren Einfluß wohltuend blieb, bis ein Zwischenfall, die Witterung oder eine absichtlich böswillige Handlung eines feindlich Gesinnten einen Felsen abdeckte oder die Bäume fällte, was sofort plötzliches Unglück, den Verlust von Wohlstand oder Schande für die Hinterbliebenen und ihre Familien zur Folge hatte. Solche Schilderungen haben sehr viel dazu beigetragen, den Glauben an Feng-Shui zu verstärken.

Hong Kong, wohin sich viele Feng-Shui hsien-sheng des chinesischen Festlandes nach der Revolution begaben, besitzt eine Vielzahl von freistehenden Steinen und Felsen, die über die Hänge der Hauptinsel verstreut sind, und sie mit sha erfüllen. Das begleitende Phänomen lockerer Erdhänge hat zu einer systematischen Baumbepflanzung seitens der Regierung geführt, der einiges an Überlegungen in Sachen Feng-Shui zugesprochen wird, da Bäume dazu führen sollen, diese besondere Art von giftigem Atem zu entschärfen.

Die frühere Gestaltung des (englischen Amtssitzes) Government House, mit seiner gebogenen, großzügigen Einfahrt, seinem guten Ausblick und Hintergrund eines Baumspaliers, hat wenig dazu beigetragen, der Bevölkerung den Verdacht zu nehmen, daß die Ingenieure und Architekten der Kolonie tatsächlich feng-shui hsien-sheng von Meisterformat waren. Anekdoten über die frühen Feng-Shui-Zusammenstöße zwischen Regierung und Missionaren auf der einen Seite und der Bevölkerung auf der anderen sind zahlreich, aber eine der interessantesten ist vielleicht die (da sie eine Art von negativ-Feng-Shui darstellt), die Eitel erzählt (1873:53):

...der übelste Einfluß, unter dem Hong Kong leidet, wird von dem merkwürdigen Felsen am Rande des Hügels in der Nähe von Wanchai verursacht... für die Chinesen stellt der Felsen eine weibliche Figur dar, die sie die Schlechte Frau nennen. Sie glauben fest und ernsthaft daran, daß die gesamte Unmoral von Hong Kong, die ganze Rücksichtslosigkeit und die Laster von Taip'ingshan, von diesem verruchten Felsen verursacht werden. So fest ist dieser Glaube auf die untersten Klassen von Hong Kong eingeprägt, daß die, die von den unmoralischen Praktiken profitieren, tatsächlich hingehen und diesen Felsen verehren, an seiner Basis Opfergaben ausbreiten und Weihrauch verbrennen. Niemand wagt es, dem Stein etwas anzutun, und mir wurde von vielen sonst vernünftigen Leuten erzählt, daß mehrere Steinmetze, die versucht hatten, an der Basis des Felsens Stein zu brechen, kurz nach dem Versuch plötzlich starben.

So wie die Regierung den Einfluß des Felsens bei Wanchai mildern konnte, indem sie systematisch Bäume als Abschirmung darum pflanzen ließ, so kann, für einen gewissen Preis, ein erfinderischer feng-shui hsien-sheng die schlimmsten Auswirkungen von sha oder den 'geheimen Pfeilen' verhindern oder abändern.

Die übliche Methode in letzterem Fall ist, eine Feng-Shui-Wand oder eine Abschirmung zu bauen, die die Sicht zu dem störenden Faktor verhindert. Technisch gesehen bedeutet 'aus den Augen' vom Blickwinkel des Feng-Shui her gesehen tatsächlich 'aus dem Sinn, und außer Gefecht'. Wenn der Hilfesuchende keine größeren Ausgaben in Kauf nehmen wollte, dann konnte die Anbringung eines Feng-Shui-Spiegels, der von den acht Trigrammen der Späteren Himmel-Folge umgeben war, dafür sorgen, daß einiges an Ärger abreflektiert wurde. Solche Spiegel sind ein üblicher Anblick im heutigen Hong Kong oder Singapur. Auf natürlichere Weise kann das Anpflanzen von Bäumen oder der Bau eines ming t'ang-Beckens oder Wasserspeichers, der andauernd mit frischem Wasser versorgt wird, die gewünschte Wirkung haben, sowie die Umgebung ästhetisch verbessern.

Die Bewohner vieler Dörfer, Siedlungen und Einzelhäuser im südöstlichen China pflanzten ihre eigenen Baumabschirmungen oder Bambushaine hinter den Bauten, mit ming t'ang-Becken vorne, aus genau diesem Grund. Tatsächlich werden auf dem flachen Land Bäume anstatt der schützenden Bergketten eingesetzt. Diese Handhabung wird von ähnlichen Vorschlägen in Feng-Shui-Büchern wie dem "Yang-Klassiker über Behausung" unterstützt, welches das Pflanzen von Bäumen vor dem Haus, wo von einer Sicht nach Süden ausgegangen wurde, verboten, um diese Sicht nicht zu stören. Bäume wurden zusätzlich leidenschaftlich gerne gepflanzt um freistehende Felsbrocken und nicht glückbringende Hügel zu verkleiden.

Solche Bäume müssen alleine wachsen dürfen, je nach eigener Anlage, ohne Stutzung, Beschnitt oder Anbindung. Sie sollten starkwüchsig sein und vorzugsweise immergrün (als Anzeichen von reichlichem und andauerndem Wohlstand). Es ist ein merkwürdiger Zufall, daß die Eibe, die zu dieser Beschreibung paßt, zum Wächter der Friedhöfe in Europa sowie in China geworden ist.

So wie Feng-Shui-Mauern aufgestellt werden, nur um unglückbringende Sichtlinien zu brechen, gibt es Haine von besonders designierten Feng-Shui-Bäumen, die vor irgendwelchen unachtsamen Holzsammlern geschützt werden.

Baum und Becken sind in vielerlei Hinsicht die natürlichsten Elemente der städtischen und vorstädtischen Feng-Shui-Praxis, und beide verlassen sich auf die Freigiebigkeit der Wasserdrachen, um ihr Überleben zu sichern. Die Pinie wird oft für den Dienst als einzelner Feng-Shui-Baum ausgesucht, wobei sie den Respekt und die Opfergaben erhält, die meistens einem örtlichen Geist vorbehalten sind, so daß ihre Feng-Shui-Funktion in einer Art von Baumverehrung untergehen könnte.

Es gibt also zahlreiche Möglichkeiten, die Ansammlungsfähigkeit für wohlbringendes ch'i in der Landschaft zu verbessern. Tatsächlich war es diese Voraussetzung, die zu der Schaffung der vorzüglichen Zen-Gärten führte, die sogar noch heute viele Altäre in China und Japan umgeben. Die Manipulierung der vorhandenen Elemente der Landschaft, bis sie einen solchen Garten ergeben, wo die Natur verschönert und nicht entwurzelt wird, stellt eine spezialisierte Anwendung von Feng-Shui dar.

3 Drachenadern: Die Form-Schule

Wolken entspringen von Drachen. ('I Ching')

Es wird von den Weisen Chinas gesagt, daß weder der Himmel noch die Erde in sich vollständig sei und es dem Menschen überlassen bleibe, als Vermittler zwischen den beiden die Dinge fertigzustellen und sie zur Vollkommenheit zu bringen. Die taoistische Ansicht besagt, daß bewußtes Bemühen (illuminiert durch das Wissen über das Funktionieren von Himmel und Erde) unter anderem die natürlichen Umrisse an der Erdoberfläche korrigieren kann, sodaß sie eine vollkommenere Anordnung erhalten, die ch'i ansammelt und erhält, zum allseitigen Nutzen der Erde, des Menschen, und, langfristig, des Himmels. Der Einfluß der Wetter-ch'i und der Zyklen der Fünf Elemente ist wichtig, aber 'blind', wenn, verglichen mit der Fähigkeit des Menschen, zum höchsten Grad das latente ch'i seiner Wohnstätte anzuwenden, zu seinem eigenen Vorteil solange er lebt und, nach seinem Ableben, zum Vorteil seiner Nachkommen.

Es ist ein Bestandteil dieses Gedankensystems, daß, obwohl der Himmel das Leben des Menschen dirigiert und die Erde seine Richtung bedingt, er durch die Verbesserung ungünstiger natürlicher (Erd-) Gestaltungen sein eigenes Schicksal bestimmen kann.

Zu historischen Zeiten führten diejenigen, die genügend Macht oder Reichtum besaßen, solche Veränderungen durch, nach ihrer Betrachtungsweise zu ihrem eigenen, anhaltenden Vorteil. Hügel, die nicht ganz hoch genug waren, wurden aufgeschüttet, Landschaftsprofile, die zu zackig waren, wurden abgetragen. Natürliche Wasserwege sind umgeleitet worden, um hufeisenförmige Schloßgräben zu bilden, die oft noch in militärischen Vermessungskarten von China oder den New Territories von Hong Kong auftauchen. Gerade verlaufende Flüsse können in Kurven verlegt oder umgeleitet werden, wenn man sie als gefährlich für bestehende Bauten ansieht. Steinbrechen kann gestoppt werden, wenn es Sichtlinien gefährdet oder die Knochen oder Adern eines etablierten Drachens, sogar durch Gesetze, wenn erforderlich.

Wenn die nötigen Mittel gegeben sind, können Berge, die nach der feurigen gefährlichen Potenz des Mars riechen in die mehr quadratischen Umrisse

Abb. 2 Der Gebrauch des Feng-Shui-Kompasses in der Ch'ing-Dynastie

des Jupiters gebracht werden, während optisch langweilige, flache Plateaus manchmal runde Hügelspitzen erhalten, um einer von Yin beherrschten Umgebung ein Yang-Element beizufügen.

Der übertriebene Stil der chinesischen Kunst der Landschaftsgestaltung läßt solche Merkmale manchmal in einer Weise hervortreten, die fast unbewußt pädagogisch ist. Um eine Landschaft zu analysieren, beachtet der Feng-Shui Praktizierende (feng-shui hsien-sheng) eine Anzahl allgemeiner Regeln für Standorte, die durch Auslegungen der besonderen Formen qualifiziert werden, die an der zu prüfenden Stelle vorkommen. Um die Lage des 'Drachennests' festzustellen, schreitet der feng-shui hsien-sheng erst einmal die Länge des Bergkammes über der in Frage kommenden Stelle ab. In der jüngsten Vergangenheit würde er sich in einer Sänfte von seinen Dienern tragen lassen, und er sucht nach Anzeichen für einen Bach oder ein Rinnsal, welches eine Indikation für das Herabfließen von ch'i zum möglichen Nest oder hsüeh sein könnte.

An dieser Stelle könnte er den Kompaß zur Hilfe nehmen und die Nadel so orientieren, daß sie mit der roten Nord-Süd-Linie übereinstimmt, die sich in der Kompaßvertiefung befindet, um so potentielle Ausgangspunkte von ch'i entlang des Kammes oder des Drachenrückens festzustellen, deren Ströme letztlich in dem Nest zusammentreffen, das er sucht.

Wenn er seine Sänfte verlassen hat oder so einen Punkt ausfindig gemacht hat, wird er oft, nachdem er den Moment der Eingebung abgewartet hat, den Hang so schnell er nur laufen kann herabstürzen. Ohne bewußt auf das abschüssige Gefälle zu achten rast er halsbrecherisch auf den Fuß des Hügels zu. Wenn sein Lauf durch eine Höhlung unterbrochen wird, deren ferne Seite ausreicht, um seinen weiteren Abstieg aufzuhalten, wird er die Stelle markieren und wieder nach oben klettern. Hier wird er ein zweites Rinnsal, oder den Abbruchpunkt des ch'i auf dem Drachenrücken ausfindig machen, und nach der gehabten Prozedur, ohne festgelegte Richtung den Hang herabbrennen, immer mit demselben Tempo, bis sein Lauf von einer weiteren Anhebung oder Aushöhlung unterbrochen wird. Diese Stelle markiert er auch, und nachdem er einige dieser laufenden Abstiege vollbracht hat, kann gehofft werden, daß er einen gemeinsamen Schnittpunkt entdeckt hat. Diesen wird er vorerst als potentielles Nest betrachten und hier seinen Kompaß aufstellen, um die umliegende Landschaft auf ihre Eigenschaften hin zu betrachten. Er geht davon aus, daß, da er (als Drachenmann) in seinem Lauf dort angehalten wurde, das ch'i auch an der Stelle gehalten und gesammelt wird. Sein schneller Lauf den Hang hinab hat auch eine positive Nebenwirkung, da aufgrund einer solchen Anregung eventuell vorhandenes ch'i zum stärkeren Fließen stimuliert wird. Wenn man jedoch die Landschaft mit dem kalten Auge des Geographen betrachtet, könnte man feststellen, daß es sehr oft die Pfade der Tiere sind, die später zu Rinnsalen und Bächen werden, und durch das ständige Zertreten der Vegetation durch ihre Hufe und Pfoten bringen die Tiere den feng-shui hsien-sheng eher in die Situation, ihrem Beispiel zu folgen, und so diese Pfade weiter auszuprägen. Diese Technik wird 'das Reiten des Drachens' genannt.

Die Praktizierenden des Feng-Shui würden sagen, daß die Tiere vielleicht der natürlichen Bahn des ch'i folgen, statt umgekehrt, aber das Ergebnis bleibt dasselbe, nämlich, daß der Zusammenfluß dieser Bahnen gefunden ist, und er seinen Kompaß aufstellt und Prüfungen vornimmt um festzustellen, ob das Nest in anderer Beziehung günstig ist. Es muß dort eine reichhaltige Ader von ch'i vorhanden sein, die weder verfällt noch vom Absterben bedroht ist.

Nun ist es für ihn notwendig, den genauen Grad jeder bedeutenden Landschaftsform so weit sie sichtbar ist festzustellen, wobei er ausgänglich erst die wichtigsten, die von der Stelle aus gesehen werden können, vornimmt, wie Bergspitzen und -kämme, Biegungen und Ströme. Als generelle Regel gilt, daß solche Ströme, die nicht zu sehen sind, auch keinen Einfluß auf den Standort ausüben, aber der feng-shui hsien-sheng mag auch diese überprüfen wollen, um festzustellen, in welcher genauen Richtung sie den sichtbaren Bereich verlassen oder in ihn eintraten.

Die Abschnitte des Kompasses, die auf die Hauptbeschaffenheiten der Landschaft zutreffen, werden dann überprüft, nicht nur auf die eigenen positiven Eigenschaften hin, sondern auch im Sinne ihrer Verträglichkeit untereinander. Wenn diese ausgänglichen Prüfungen zufriedenstellende Ergebnisse aufweisen, werden einzelne Darstellungen der sekundären Aspekte, ihre Beziehung zu den Mitgliedern der Familie des Mandanten des feng-shui hsien-sheng sowie zu der Jahreszeit, in der gebaut oder begraben werden soll, weiter untersucht. Wenn jedoch größere Konflikte erkennbar werden sollten, dann wird die Familie entweder benachrichtigt, daß eine zweitrangige Stelle gefunden wurde, oder die ganze Prozedur wird wiederholt, um ein weiteres potentielles hsüeh ausfindig zu machen.

Danach, wenn der Standort als befriedigend gilt, wird der hsien-sheng ihn zu verschiedenen Tageszeiten besuchen, um festzustellen, wie die Schatten aufeinander wirken, und sogar so weit gehen, nachts Kerzen oder Laternen an auslaufenden Stellen anzubringen, um ihre Profile besser hervortreten zu lassen, die bei vollem Tageslicht nicht immer klar zu erkennen sind. Jede dieser Formen wird in die Berechnung nach den komplexen Regeln der Formen-Schule mit einbezogen, so daß eine ausgewogene Entscheidung herbeigeführt wird auf der Basis der Anzahl minderer negativer Punkte und ihrer Wechselbeziehung zu den großen positiven Indikationen des Standortes.

Der Bericht, den der hsien-sheng seinen Auftraggebern vorlegt, löst recht häufig das familieninterne Gezeter aus, für das Feng-Shui Standortbegutachtung berüchtigt ist. Eine konkrete Entscheidung seitens des Oberhauptes der Familie wird das Schicksal dieses Standortes besiegeln und bestimmen, ob der feng-shui hsien-sheng ein weiteres Honorar erhält, um einen etwas günstigeren Ort zu finden oder nicht.

Letztlich können die Konsultierungen des Nachthimmels und der tatsächlichen Positionen der Sternbilder am Horizont zu dieser Jahreszeit direkt bestätigt werden, oder durch Nachschlagen in einem astronomischen Almanach, dem allgegenwärtigen "Tung Sing".

Die Grundregeln der Formen-Schule werden ausführlich und ausgiebig in den Standardtexten erläutert, wie denen des Yang Yun-Sung. In jedem Fall können die Regeln an jeder Ebene angesetzt werden, von der Standortwahl für eine Stadt bis zur Orientierung eines Einzelzimmers, denn dieselben Prinzipien wirken makrokosmisch sowie mikrokosmisch. Zusammengefaßt lauten die Grundregeln so:

1 Bauten, ob Gräber oder Gemeinden, sollten nach Möglichkeit auf schrägem, gut entwässertem Land errichtet werden. Aus praktischer Sicht bedeutet dies, schlecht entwässernde und tiefliegende Gebiete meiden, da sie ungesund oder leicht überflutet sein könnten.

2 Zum Norden der Stadt, des Dorfes, der Anlage oder des Hauses sollte sich ein bergiger Schutz oder eine Abschirmung aus Bäumen befinden, um den Ort vor den bösartigen Einflüssen zu schützen, die traditionell dieser Richtung entstammen.

3 Die Toten sollten auf einem nach Süden verlaufenden Hang eines solchen Schutzes beerdigt werden, mit dem Gesicht zur Stadt und zu den Lebenden. Es ist interessant zu bemerken, daß die alten Ägypter traditionell ihre Toten und die Totenstätten westlich von ihren Städten unterbrachten (in Richtung des Sonnenuntergangs), aber beim Bau von Pyramiden den Eingang immer nach Norden hin planten, ein Stückchen Information, das Grabräubern über tausende von Jahren hinweg als Wegweiser diente.

4 Der Eingang zu einer Stadt oder einem Haus sollte immer im Süden liegen und einen offenen Blick in diese Richtung gewähren, aus der wohlbringende Einflüsse stammen. Selbstverständlich ist es nicht immer praktikabel, etwas nach Norden oder Süden hin zu bauen, und die Formen der gegebenen Landschaftsformen werden dies modifizieren, aber dennoch sind dies die grundsätzlichen Zielsetzungen. Sehr oft werden die Bezeichnungen von geographischen Stellen in einer Gegend, besonders die von Hügeln oder anderen prominenten Beschaffenheiten wertvolle Einzelheiten über dessen Feng-Shui-Orientierung liefern, und manchmal herrschen örtliche Traditionen vor, die der positiv empfundenen Orientierung eine Abweichung von bis zu 90 Grad von den traditionellen Regeln beschert.

5 Die Landschaft verrät das Vorhandensein von ch'i in seiner positiven (Yang) Form als Drachen und in seiner negativen (Yin) Form als Tiger. Die beiden ch'i-Strömungen in der Erdkruste, die eine männlich (positiv) und die andere weiblich (negativ), sind jeweils günstig und ungünstig. Sie werden allegorisch der Azurblaue Drachen und der Weiße Tiger genannt. Der Azurblaue Drachen muß immer links (östlich) von einem Standort liegen und der Weiße Tiger rechts (westlich) davon. Drachen und Tiger werden oft mit den oberen und unteren Teilen eines Armes verglichen: In der Biegung des Armes muß nach dem günstigen Standort gesucht werden, in dem Winkel, der von Drachen und Tiger gebildet wird, genau an dem Punkt, wo die beiden ch'i-Strömungen sich kreuzen und paaren. Sie sind am besten plaziert, wenn sie ein Hufeisen bilden, also, wo zwei Hügelketten von einem Punkt aus beginnen, und nach rechts und links grazile Kurven beschreiben, und ihre Extremitäten leicht nach innen zueinander gebogen sind. Eine solche Anordnung von Hügeln oder Bergen ist ein sicheres Anzeichen für die Gegenwart eines wahren Drachen (siehe Abb. 3).

Ein traditionelles Beispiel dafür ist die günstige Lage von Canton, das in dem Winkel zweier Hügelketten liegt, die in sanften Biegungen verlaufen, bis sie sich fast wieder berühren und so ein vollkommenes Hufeisen bilden. Die

Konzeptionelles
Modell

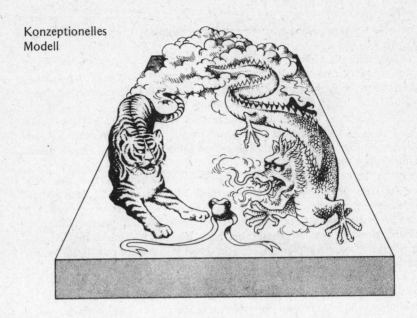

Topographisches
Modell

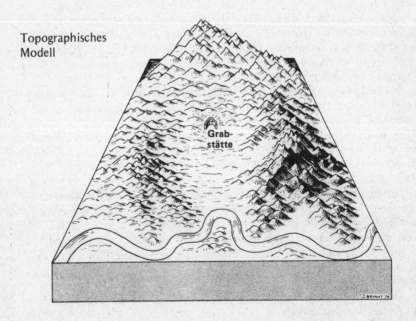

Abb. 3 Der Drachen und der Tiger: ideelles und wirkliches Landschaftsbild

Hügelkette im Osten wird die Weißen Wolken genannt und stellt den Drachen dar, während die Erhöhungen auf der anderen Seite des Flusses den Weißen Tiger bilden. Der glückbringendste Boden in Canton liegt daher bei den nördlichen Toren, wo Drachen und Tiger sich treffen. Der beste Standort sollte verborgen sein, 'wie eine zurückhaltende Jungfrau, der es beliebt, sich zurückzuziehen'. Es ist deshalb wichtig, nach einem verborgenen Winkel zu suchen, wo sich Drachen und Tiger versteckt paaren können.

Im klassischen Fall der Ming-Gräber nordwestlich von Peking geben die Namen der Hügel bereits ihre Feng-Shui-Funktionen bekannt, so daß die Hügel östlich des Eingangs zum Tal der Grabstätten tatsächlich 'Hügel des Azurblauen Drachen' heißen, während die westlich des Eingangs 'Weißer Tiger' genannt werden. Die endgültige Ruhestätte der Vorfahren des Kaisers, der die Verkörperung des Himmels auf der Erde darstellt, sollte natürlich perfekt plaziert werden.

6 Eine Weiterführung der Regel von Drachen und Tiger besagt, daß, wenn diese nicht mit Sicherheit festgestellt werden können, eine allgemeinere Verbindung von 'männlichem' und 'weiblichem' Boden nahezu genauso tauglich ist. Stark hervortretende Erhebungen werden Yang (männlich) genannt, während sanft welliger, konturierter Boden Yin (weiblich) genannt wird. In einer Landschaft, die von männlichen Eigenschaften beherrscht ist, ist der beste Standort einer, der weibliche Charakteristiken aufweist, entweder sichtbar oder feststellbar mit dem Kompaß, während in einer gänzlich weiblichen Gegend es eine Stelle sein sollte, die zumindest Anzeichen von Yang aufweist. In jedem Fall sollte es eine Stelle sein, wo es einen Übergang vom männlichen zum weiblichen, oder vom weiblichen zum männlichen Boden gibt, und wo die Umgegend beide Merkmale in einem richtigen Verhältnis enthält, also überwiegend männliche Eigenschaften besitzt. Wo das Gegenteil der Fall ist, heißt dies, daß die Anzeichen ausdrücklich gegen eine glückbringende Ansammlung von ch'i sprechen und mögliche positive Aspekte zunichte machen werden.

7 Als Konsequenz des oben beschriebenen ist es offensichtlich, daß völlig flaches Land vom Standpunkt des Feng-Shui her gesehen ungünstig ist. Dies führt dazu, daß dort, wo auf flachen Ebenen Gebäude oder Grabstätten errichtet werden, künstliche Anhebungen oder Baumreihen nördlich oder auch westlich des Baus hinzugefügt werden.

8 Wenn die Landschaft einen Drachenkamm zum Norden hin und eine Tiger-Gestaltung im Westen bildet, sind die Proportionen dieser Elemente das nächste, was der feng-shui hsien-sheng berücksichtigen muß. Die idealen Proportionen, die von den Taoisten vorgegeben wurden, setzen sich aus drei Fünfteln Yang und zwei Fünfteln Yin zusammen, ein etwas chauvinistisches Verhältnis, das gedacht ist, die Vorteile von ch'i aktiv an dem Standort zu konzentrieren.

Zusätzlich zu diesen Regeln der Orientierung ist es erforderlich, die spezifischen Vorkommen der Landschaftsformen auszulegen.

Shan, Berge

Berge sind die traditionellen Wohnstätten der Unsterblichen, von Drachen und Göttern. Dies ist nicht nur so, weil Berge ein fast unzugängliches Versteck bieten, sondern auch weil sie die Kruste über den mächtigsten Drachenadern darstellen. Eine flache Gegend ist (wie auch manchmal im geographischen Denken des Westens) eine alte, ermüdete, ausgelaugte Landschaft mit zweitrangigem Boden und Ablagerungen, die im Verlauf vieler Jahrtausende von den Bergen hinabgespült wurden. Berge jedoch sind die ursprüngliche Quelle der Yang-Kraft, die potentesten sowie mächtigsten Elemente einer Landschaft, ein würdiges Domizil für Drachen.

Das K'un-Lun-Gebiet im entlegenen Westen Chinas galt oft als 'der Erzeuger aller Berge der Welt und der Mittelpunkt der Erde, von dem aus die großen ostwärts fließenden Ströme Chinas die wohlbringenden Einflüsse des Drachens bis zur Küste tragen'.

Dem Rechnung tragend sind die Formen und Aufbauten sämtlicher Hügel, die am Horizont sichtbar sind, und besonders die Gestaltung ihrer Kuppen, die wohl markantesten Indikatoren für die Formen-Schule. Es ist daher eine grundsätzliche Bedingung, daß der feng-shui hsien-sheng fähig sei, mit einem kurzen Blick festzustellen, welcher Stern, welcher Planet und welches Element von einem Berg dargestellt wird (siehe Tabelle 3). Die Regeln, nach denen jeder Gipfel einem oder dem anderen der fünf Planeten zugeschrieben wird, werden sehr einfach von Eitel definiert (1873:57):

> Steigt ein Berg kühn und gerade hoch und verjüngt sich zu einer scharfen Spitze, so wird er mit Mars identifiziert und dazu bestimmt, das Element Feuer darzustellen. Ist die Spitze eines ähnlichen Berges abgebrochen und flach, jedoch ziemlich schmal, so ist er die Verkörperung Jupiters und stellt das Element Holz dar. Wenn die Spitze eines Berges eine ausgedehnte Fläche bildet, ist er dem Saturn angehörig und von dem Element Erde bewohnt. Wenn ein Berg steil hochragt, seine Spitze aber sanft abgerundet ist, so wird er Venus genannt und stellt das Element Metall dar. Ein Berg, dessen Spitze die Form einer Kuppel hat, wird als Vertreter des Merkur angesehen und dort regiert das Element Wasser.

Als weitere Komplikation ist es erforderlich, die Bedeutung des zyklischen Tieres des Geburtsdatums des Mandanten im Zusammenhang mit der Beschaffenheit der herrschenden Hügelform zu deuten. So wird es einem Menschen, der in einem Drachenmonat geboren ist, bei einem Feuerhügel wohlergehen, aber ein Mensch, der einem Holzmonat entstammt, würde sich in einer katastrophalen Situation befinden, wenn er in Sichtweite eines solchen Hügels bauen oder begraben würde: Die symbolische Möglichkeit der Verbrennung ist offensichtlich.

Zusätzlich sollte die Bedeutung aller Hügel und Berge, die von einem gegebenen Standort aus sichtbar sind, zuträglich oder zumindest neutral zueinander sein. Wie in allen chinesischen Philosophiesystemen soll hier Konflikt um jeden Preis vermieden werden. Eitel liefert ein klassisches Beispiel dafür (1873:58):

Tab. 3 Die elementaren Bergformen

Form	Planet	Element
Konisch	♂ Mars	Feuer
Runde Kuppe, hoher Korpus	♃ Jupiter	Holz
Quadratisch	♄ Saturn	Erde
Rund, elliptischer Korpus	♀ Venus	Metall
Lebendig, verformt, bewegt	☿ Merkur	Wasser

Angenommen, nahe einem Hügel, der Jupiter ähnelt und daher das Element Holz darstellt, liegt ein anderer mit den Umrissen von Mars und dem Element Feuer entsprechend, so wäre dies offensichtlich eine höchst gefährliche Verbindung. Zum Beispiel, der Gipfel von Hong Kong, die Umrisse des Jupiters darstellend, steht unter dem Einfluß von Holz. Am Fuße des Berges befindet sich ein Hügel, der Taip'ingshan heißt, mit den Umrissen des Mars, also der Vertreter des Feuers. Nun, ein Holzhaufen mit Feuer darunter — was ist das Ergebnis? Es ist einfach kein Wunder, daß die meisten Feuer in Hong Kong in der Teip'ingshan Gegend vorkommen.

Zusätzlich zu der elementaren Kategorisierung der Berge gibt es eine getrennte Serie von Bergformen, die den Einfluß, den sie auf einen Ort ausüben, von den 'Neun sich bewegenden Sternen' erhalten. Die 'Neun sich bewegenden Sterne' sind eigentlich überhaupt keine 'Sterne' in irgendeinem üblichen Sinn, da sie keine spezifischen astronomischen oder astrologischen Standorte haben. Sie werden manchmal 'Schicksalskategorien', 'Irdische Sterne' oder 'Atmosphärische Sterne' genannt, und sind getrennt von den astrologischen Standardkategorien, die in die Handhabung von Feng-Shui eingeflochten sind (siehe Tabelle 4).

Tab. 4 Die Neun sich bewegenden Sterne

Die sieben Sterne des Großen Wagens, Chinesischer Name			Bedeutung	Element	Planet
1	貪狼	T'an-lang	Habgierig und wild, (wörtlich: raffgieriger Wolf)	Holz	Jupiter
2	巨門	Chü-men	Großes Tor oder Tür	Holz	Jupiter
3	祿存	Lu-ts'un	Dienstgrad (Einkommen) gesichert	Erde	Saturn
4	文曲	Wen ch'u	Amtliche oder literarische Windungen (Aktivitäten)	Wasser	Merkur
5	廉真	Lien-chien	Ehrlichkeit, Reinheit und Rechtschaffenheit	Feuer	Mars
6	破軍	Wu-ch'u	Militärische Windungen (Aktivitäten)	Metall	Venus
7	武曲	P'o-chün	Brecher der Phalanx, Gebrochenes Heer (Brecher des Glücks)	Metall	Venus

Die übrigen Sterne der Neun				
Chinesischer Name		Bedeutung	Element	Planet
8 左輔 Tso-fu		Linker Assistent des Himmlischen Kaisers	Erde	Saturn
9 右弼 Yu-pi		Rechter Assistent des Himmlischen Kaisers	Wasser	Merkur

Sieben der 'Neun sich bewegenden Sterne' werden manchmal mit den 'Sieben Sternen des Großen Bären oder Wagens' (pe-teu) identifiziert, die jährlich den Nordstern umkreisen. Als solche stimmen sie mit den Jahreszeiten überein. Der 'Schwanz' dieses Sternbildes zeigt den Quadranten an, dem die gerade herrschende Jahreszeit zugeschrieben wird: Im Frühjahr den Osten, und im Herbst den Westen. Auch erscheinen sie meistens auf dem äußersten Ring des Kompasses der Fukien-Schule. In der Praxis werden sie jedoch als Kategorien angewendet, um diverse Hügel- und Bergformen zu definieren und gehören daher in die Form-Schule des Feng-Shui.

Die ersten sieben Sterne werden von dem feng-shui hsien-sheng angewendet um Einflüsse auf die Karriere seines Mandanten zu deuten. Sie haben eine oberflächliche Ähnlichkeit mit den fünf elementaren Formen der Berge wegen ihrer gemeinsamen Verbindungen zu den Elementen, sind aber wesentlich spezifischer in ihrer Aussagekraft. Zum Beispiel wären die abfallenden Schultern der Formation des 'Gebrochenen Heeres' (P'o-chün) eine furchtbare Anordnung innerhalb der Sichtweite des Domizils eines Berufssoldaten, während 'Militärische Windungen' genau die entgegengesetzte Wirkung haben würde.

Obwohl sie einen Kompaßring für sich haben, sind die 'Neun sich bewegenden Sterne' nicht von zentraler Bedeutung innerhalb der Kompaß-Schule, und Einzelheiten über sie werden im "Han Lung Ching", dem "Klassiker des sich bewegenden Drachens" von Yang Yün-Sung, dem Patriarchen der Form-Schule des Feng-Shui, angetroffen.

Literarische Bemühungen, die nach dem chinesischen System den Aufstieg im Beamtentum begünstigen, werden durch die Gegenwart einer Wench'u-Formation positiv beeinflußt, die auch als Wasser-Formation gedeutet werden könnte, wenn eine solche Karriere ohne Bedeutung für den Mandanten wäre.

Es gibt auch einen Grad der freien Auslegung, die auf der Fähigkeit des feng-shui hsien-sheng beruht, die Yang Landformen im Verhältnis zu den Verhältnissen der Familie seines Mandanten zu deuten. Eitel (1873:58) liefert auch hier ein klassisches Beispiel:

> Wenn zum Beispiel ein Hügel in seinen groben Umrissen einer breiten Couch ähnelt, dann wird sein Einfluß bewirken, daß deine Söhne und Enkel einen gewaltsamen und vorzeitigen Tod erleiden. Baust du auf einem Berg, der einem Boot ähnelt, dessen Kiel nach oben zeigt, werden deine Töchter ewig krank sein und deine Söhne werden ihre Tage im Zuchthaus verbringen.

Eitel gibt uns auch ein Beispiel der Wirkung eines der 'Neun sich bewegenden Sterne':

> Erinnert der grobe Umriß eines Berges an eine Glocke, wobei auf der Spitze die Konturen der Venus sichtbar sind (die P'o-chün Formation), so wird ein Berg die Sieben Sterne des Großen Bären veranlassen, ein tödliches Licht auf dich zu werfen, das dich und alle Mitglieder deiner Familie kinderlos machen wird. Äußerst gefährlich sind auch Hügel, die einem der folgenden Objekte ähneln: einem Korb, einer Pflugschar, dem Auge eines Pferdes, einer Schildkröte, einer Terrasse oder einer Wiese.

Als generelle Regel gilt, daß zu sehr Yin-betonte oder abgerundete Berge nicht wohlbringend sind.

Ein typischer Standort, der nach seinen Hügelformen gedeutet ist, könnte so aussehen wie in Abbildung 4. Da befindet sich das hsüeh oder Nest im unteren (nördlichen) Abschnitt der halbperspektivischen Karte und ist markiert als kleiner Kreis, umgeben von je drei seitlichen Kurven mit offenem Blick nach Süden, in der Zeichnung oben. Hinter dem Standort im Norden befindet sich die rückenschützende Bergkette, aus der eine Wasserbahn nach Osten fließt. Vor dem Standort (obere Hälfte der Zeichnung) liegen sehr offensichtlich Berge von jedem Typus, der bislang beschrieben wurde. Wenn'die Wechselbeziehungen der Bergtypen völlig erfaßt sind, schenkt der feng-shui hsien-sheng seine Aufmerksamkeit den Wasserbahnen. Die schraffierten Bereiche sind Wasserwege, deren Ein- und Ausgänge im Bereich des Standortes mit dem Schriftzeichen für Wasser markiert sind.

Shui, Wasser

Im direkten Gegensatz zur europäischen Vorstellung von Ordnung, nach der ein gerade verlaufender Fluß ein Geschenk des Himmels für jeden Ingenieur oder Stadtplaner wäre, würde sein chinesischer Kollege ernsthaft bemüht sein, jede Gelegenheit zu nutzen, um einer Wasserbahn 'natürliche' Biegungen zuzufügen. In vielen Fällen, wo es gar nicht um Verteidigung geht, wird der chinesische Wasserbauingenieur ein Gebäude oder eine Ortschaft mit einem gewundenen Wassergraben umgeben, der nach Süden hin offen ist, um wohlbringendes ch'i aufzunehmen. Solche Flußumleitungen sind auf dutzenden von in großem Maßstab angefertigten Vermessungskarten ersichtlich, die Gegenden zeigen, die lange unter chinesischer Verwaltung standen. Auch bieten solche Anlagen eine interessante ästhetische Abwechslung in der Landschaft. Für ein auf den Anbau von Reis spezialisiertes Volk stellten Bauten dieser Art keine nenneswerte Schwierigkeit dar.

Ein interessantes Licht wird auf die Feng-Shui-Prinzipien durch eine Beschreibung eines vollkommenen Standortes, eines Drachennestes, geworfen, die sich wie die Umschreibung einer unterirdischen Quelle liest. Es ist natürlich logisch anzunehmen, daß sich der Drachen in seinem Nest befindet, denn dort quillt das Wasser hervor, um dann das Land als Strom zu durchqueren oder durch Verdunstung Drachenwolken zu bilden. (Da unterirdische Quellen

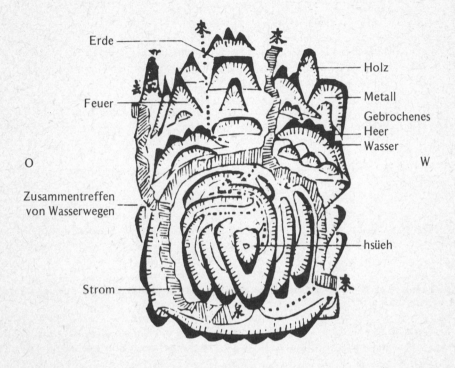

Abb.4 Eine typische chinesische Karte eines hsüeh

angeblich unter Land entdeckt werden können, das von Megalithen markiert ist, könnte das hsüeh in ungefähr mit heiligen Stätten, wie sie in England vorkommen, vergleichbar sein, und diese wären offensichtlich wohlbringende Wohnstätten. Weitere Forschung über die rein geographischen und geologischen Eigenschaften beider Arten von Standorten würde sich möglicherweise als nützlich erweisen.)

Neben ihrer symbolischen Bedeutung im Feng-Shui sind Wasserwege die am leichtesten zu erkennenden Merkmale auf jeder Landkarte. Auch sind sie leichter zu deuten als Höhenunterschiede, ob durch moderne Konturlinien oder die halbperspektivischen Zeichnungen der Chinesen dargestellt.

Wasserbahnen sind die offensichtlichsten Flußlinien des ch'i. Das chinesische Homonym des Wortes ch'i bedeutet sogar Strom. Um die Bedeutung von Wasserbahnen nach Feng-Shui auszulegen, muß als erstes die Regel vor Augen gehalten werden, daß schnell oder in geraden Linien fließendes Wasser das ch'i rasch von einer Stelle wegtransportiert und daher nicht wünschenswert ist, und daß langsam fließende, gewundene sowie tiefe Wasserbahnen im Gegensatz dazu die Ansammlung von ch'i begünstigen, besonders wenn sie vor dem hsüeh, um das es geht, ein Becken bilden.

Da eine sich windende Wasserbahn das beste Anzeichen für das Vorhandensein von ch'i-Konzentrationen ist, bilden die Zusammenflüsse von Wasserwegen wichtige Drachenpunkte, und wenn der feng-shui hsien-sheng einen Kompaß verwendet, wird ein solcher Knotenpunkt von höchster Bedeutung und leicht vermeßbar sein.

Während der Zusammenfluß in einer grazilen Kurve und nicht in einem konfliktbetonten Aufeinanderstoßen erfolgen sollte, ist auch zu wünschen, daß der so entstandene Wasserweg die Gegend vor dem zu vermessenden Standort häufig durchkreuzt, und dadurch einen ständigen Zufluß der guten Einflüsse sichert, ohne daß diese durch geraden oder schnellen Abfluß fortgetragen werden.

Im allgemeinen sind Zusammenschließungen von Strömen wohlbringend, da sie ch'i konzentriert auftreten lassen, während das Verzweigen eines Stroms in rauher Landschaft oder am Delta eines Flusses verstreuend auf ch'i wirkt. Scharfe Biegungen sind, wie gerade Linien, ungünstig, da sie wie 'geheime Pfeile' wirken und Dämonen zu dem Standort leiten oder die Ansammlung von ch'i vernichten oder auflösen. Sanfte Biegungen in den Wasserbahnen sind wesentlich günstiger, da sie die natürliche Form des Drachens nachempfinden.

Aus geographischer Betrachtung trifft es zweifelsohne zu, daß jede Wasserbahn, die durch gleichmäßig beschaffenes Land zieht, automatisch in Biegungen verlaufen wird, also wäre das Vorhandensein von einem geraden Flußverlauf ein klares Zeichen für Geomanten sowie Geographen, daß sich unter der Erdoberfläche eine Bodenverwerfung befindet, die psychisch schädliche Auswirkungen hervorrufen würde und physikalisch einen Mißstand ankündigt.

Edkins (1872:75) umriß die Regeln des Stromverlaufs in folgender Weise:

Der Drachen kann bis zu seinem Ursprung zurückverfolgt werden. Er ist sichtbar in dem Verlauf der Gebirgsbäche oder in den Konturen der Erde. Das hohe Flußbett und die sich abwechselnden Hügel und Täler werden von dem Drachen verursacht. Verfolge das Wasser eines Tals zurück zu seinem Ursprung. Das ist der Punkt, an dem der Einfluß hervortritt, der das menschliche Schicksal regiert. Wasser ist das Element, an dem sich der Drache erfreut. Seine gewundene Bahn beim Durchziehen der Ebenen ist ein Zeugnis dafür, denn der Drache bevorzugt gewundene Pfade. Da also der Drache Wohlstand schenkt, den König und den Weisen emporhebt und das Symbol von allem Erhabenen ist, ob gesellschaftlich, politisch oder moralisch, ist es von oberster Wichtigkeit, die Lage des Wassers zu berücksichtigen, wenn eine Grabstätte ausgesucht wird.

Edkins illustriert dies mit einem traditionellen Beispiel:

> In dem Tal der Ming-Gräber fließt das Wasser aus dem Nordwesten unter einer Brücke vor dem Grabe des Kaisers Yung-lo hindurch und macht seinen Weg weiter hinab zu der Ebene von Peking im Südosten. Hügel in Form eines Hufeisens umfassen das Tal. Das Feng-Shui ist gut.

Neben den naturalistischen Betrachtungen der Form-Schule verwenden die Praktizierenden der Kompaß-Schule die präzisen Punkte von Zusammenflüssen, Auftreten, Verschwinden und Beckenbildung von Strömen als Sichtlinien:

> Die Hauptverwendung des Geomantenkompasses ist in Bezug auf Wasser die Richtung der Strömung, die primäre Quelle, die Stellen der Zusammenflüsse und jene Punkte festzustellen, von denen aus der Fluß in einem neuen Winkel fortgesetzt wird.

Das Vorhandensein von Wasser in südlicher Richtung ist besonders wichtig, wenn der Aspekt des Potentials für Wohlstandsvermehrung eines Standortes bemessen wird:

> Vor einer Grabstätte muß fließendes Wasser sein. Reichtum und Ansehen fließen kapriziös wie Wasser von einem Punkt zum anderen, und hängen daher angeblich von dem ungestörten Fluß des Wassers ab, das unter der Brücke vor der Grabstätte hindurchzieht..... Reichtum und Ansehen sind mit fließendem Wasser verbunden, und wenn die erforderliche Sorgfalt seitens des Geomanten und der Nachkommen der Toten angewendet wird, kann erwartet werden, daß ein nichtendender Strom weltlicher Ehren und Reichtum in den Besitz der Familie fließt.

Auch hier kann die Landschaft durch den Menschen verändert werden um das Feng-Shui zu verbessern, und das wohl leichter als bei Bergformen. Biegungen können in gerade Flußläufe gebaut werden und scharfe Knicke lassen sich abrunden, obwohl diese wahrscheinlich eher in felsiger Landschaft vorkommen und daher problematischer sein könnten.

Sogar künstliche Zusammenflüsse oder Zweigungen können geschaffen werden. Vorzugsweise sollte das Drachennest oder hsüeh zwischen den Verzweigungen eines Flusses liegen, anstatt unmittelbar an dem Hauptfluß selbst, besonders wenn dieser zu schnell fließt, um ch'i anzusammeln. Je größer die Anzahl von Abzweigungen, die den Puls oder die Adern der Erde darstellen, um so wirksamer wird ch'i angesammelt.

Wasser in irgendeiner Form ist äußerst notwendig, denn ein unfruchtbarer Standort wäre ein Vorzeichen für unfruchtbare Nachkommen, ein Schicksalsschlag von höchstem Rang in einer auf Familie und Nachkommen fixierten Gesellschaft. Ein Mangel an Zuflüssen oder Verzweigungen wird auch zu einem geringeren Grad als dies bewirkend angesehen, abgesehen davon, daß diese Begebenheit wahrscheinlich ein Anzeichen für geringen örtlichen Niederschlag ist.

Ein Strom, der von Osten oder Westen kommt, ist wohlbringend, wenn er direkt auf das hsüeh zufließt, es umfließt und dann in langsamen Biegungen weiter verläuft, denn das ch'i wird (durch einen geraden Stromverlauf) direkt in das hsüeh geleitet, wird aber von dem hsüeh indirekt abgeleitet, weil der kurvenreiche Verlauf des Stromes langsamer ist. Ch'i kann sich also ansammeln.

Wenn sich das Gewässer im Süden befindet (und ein traditionelles ming t'ang oder Becken des Himmels bildet), muß es ruhig und still sein, und nach Möglichkeit sollte der hineinführende Strom, aber besonders der herausführende, nicht vom hsüeh aus zu erblicken sein, so daß es keinen sichtbaren Verlust des ch'i gibt, das von dem Becken unter dem hsüeh angesammelt wird.

Die Richtung, aus der Wasser in das Becken fließt und die, in der es das Becken wieder verläßt, sind nützlich um den Feng-Shui-Wert zu bemessen, denn das Lo-shu Diagramm der neun Quadrate (mit den Trigrammen) zeigt an, welche Mitglieder einer Familie für welches Schicksal bestimmt sind, indem das Diagramm mit der Orientierung des Beckens verglichen wird. Einzelheiten über das Verhältnis der acht Trigramme zu den Zufluß- und Abflußpunkten werden im nächsten Kapitel gegeben.

Der "Klassiker des Wasserdrachens" (ca. 600 n.Chr.) ist ein spezialisierter Leitfaden, der sich der Formation von Drachen widmet. Übrigens handelt es sich bei dem Drachen, der ohne weitere Qualifizierungen in der "Erklärung des Kompasses" und den meisten anderen Anleitungen erwähnt wird, um einen Drachen der Gebirgsformationen. Jedoch im "Klassiker des Wasserdrachens" ist der Drachen Energie und Windungen des Wasserverlaufs an der Erdoberfläche, ein 'Wasserdrachen' der in den Bahnen der Gewässer wiedergegeben wird.

Der "Klassiker des Wasserdrachens" unterteilt Wasserbahnen in Stämme und Zweige. Ein hsüeh sollte sich unter letzterem befinden. Feuchtwang (1974:130) faßt diese Lehren zusammen:

> Wasser ist der Pfad von ch'i und die Zweige, sonst 'Inneres ch'i' genannt, 'anhalten' oder angezapft werden können und produktiv sind, während Stämme oder 'Äußeres ch'i' lediglich das hsüeh umgeben. Der "Klassiker des Wasserdrachens" enthält mehrere Diagramme, die verschiedene Typen von Wasserbahngestaltungen zeigen, wobei ein Punkt die Lage des hsüeh kennzeichnet, sowie Erklärungen darüber, welche glückbringend sind und was jede Formation bedeutet. Gleich den Formen von Gestein können auch sie Elemente anzeigen, wie auch die Tiere der Vier Quadranten, hsüeh-Anordnungen und viele weitere Dinge. Das hsüeh muß sich am Magen des Drachens befinden, von ihm umgeben sein, genauso wie es geschützt in die Gabelung einer Bergkette eingebettet sein sollte.

Das Innere chi, oder die Stromzweige, leiten in das Äußere ch'i, oder den Stamm des Flusses, über. Je mehr Zweige der Stamm hat, umso potenter wird er sein. Laut dem "Klassiker des Wasserdrachens" sind die Stämme die Arterien, oder Pulsträger, von Ta Ti, der Großen Erde. Da der Hauptpuls den Hauptstamm durchzieht, ist es weise, das hsüeh in die gebündelten Zweige zu setzen, statt zu nahe an den Stamm oder Hauptstrom, der sich zu schnell bewegt, um ein sanftes Eindringen des ch'i in ein Haus oder eine Grabstätte zu erlauben.

Das hauptsächliche Instrument der Landschaftsgestaltung ist natürlich

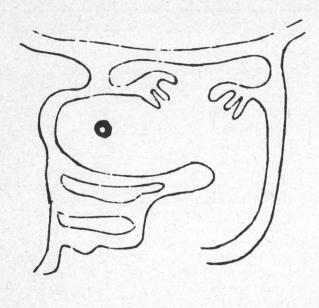

仙掌撫琴格

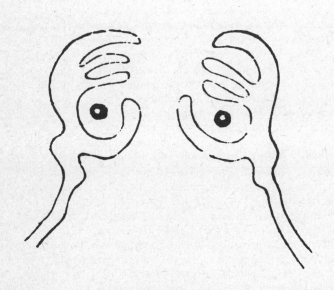

左右仙掌格

Abb. 5　Flußformationen und Feng-Shui-Standorte

Wasser, oder shui. Es formt nicht nur die Berge und Täler physikalisch, sondern durchzieht die Erde und befördert ch'i. Von dem Wasser an der Erdoberfläche in Form von Flüssen, Strömen und Seen steigen Drachen in die Lüfte, wenn es verdunstet.

Der Wind, feng, verteilt die zu Wolken gewordenen Wasserdünste, die, nachdem sie die Formen von Drachen in der Luft angenommen haben, sich zusammenziehen um letztlich lebenbringenden Regen auf die Berge niederzulassen, wo sich traditionell die Wohnstätten der Drachen befinden. Die Elemente Wind und Wasser sind natürlich die Essenz von Feng-Shui, das die Erde und alles Leben darauf beeinflußt.

Feng, Wind

Ähnliche Feng-Shui-Überlegungen treffen für den Fluß des anderen Fluidums der Erdoberfläche, den Wind, zu. Wenn sich die Drachen durch die Wasserdünste in der Luft bewegen, werden ihre Formen von den Wolken angenommen. Drachen formen sich zu Wolken und Wolken formen sich zu Drachen, so wie Kleidungsstücke die Form des darunter befindlichen Körpers annehmen. Ähnlich sind die verschlungenen Windungen von Flüssen, durch keinen Geographen oder Wasserbauingenieur erklärbar, die Kleidungsstücke und Manifestationen der irdischen Wasserdrachen.

Ob ein Drache luftige Bekleidung oder landgebundene Bekleidung trägt, er bleibt dasselbe Geschöpf, denn wie schon Hermes Trismegistus sagte, "wie oben, so unten", so ist es in Asien, wo der Drache den Himmel oben und die Erde darunter durchzieht. Die Form des Drachens wird manchmal von dem sich präzise drehenden Rauch eines Weihrauchstäbchens in einem Raum ohne Zugluft angenommen, eine Million proteischer Drachenglieder, so wie es viele chinesische Meditierende gesehen haben müssen. Sie kannten die Formen von feng, der Luft, lange bevor westliche Physiker die Bewegungen der Luft grob im Sinne von konvektierenden Strömungen formulierten.

Nicht nur ist die traditionelle chinesische Darstellungsweise anschaulicher, sie kommt auch den zarten Lebensformen der Luft näher als die noch so abstrusen Verkapselungen in Formeln, die ein Physiker zustande bringt. Der Glaube, daß Drachen in Strömen oder Ozeanen leben, aber hoch in die Wolken fliegen konnten, um wieder in die Flüsse zurückzukehren, gibt Einblick in ein systematisches Wissen um die Verbindung zwischen Verdunstung, Wolkenbildung und Regen. Es ist tatsächlich der Wind, feng, der die Drachen des Wassers, shui, empor trägt um Wolken und so Regen zu schaffen. Der Niederschlag von Regen beeinflußt das Land, indem er gewisse Vorgänge im Verlauf seiner Rückkehr ins Meer auslöst, über das System der Entwässerung der Flüsse, die die Landschaftsformen verursachen, Täler herausspülen und so Berge hinterlassen und Ebenen bilden. So wird sogar die Form der Erddrachen durch Flug und Wiederkehr der Wasserdrachen bestimmt.

Was also den Eindruck von drei verschiedenen 'Typen' von Drachen machte, kann nun als drei miteinander verzahnte Teile eines andauernden Naturvorganges angesehen werden. Die chinesische Betrachtung davon ist eine

Vision des Atems des Lebens, anstelle der mechanischen Version des Geographen, der den Zyklus mit Begriffen definiert, die er in einem Sandkasten oder einem Labor wiederholen kann.

Also sind <u>Drachen,</u> die man nicht verwechseln darf mit der feuerspeienden europäischen Art, durch die Sankt Georg zum Alltagsbegriff wurde, die <u>lebengebende Essenz des natürlichen Systems,</u> die dem Reisbauern die Kultivierung des Bodens ermöglichte oder auch die rasche Zerstörung. Wahrscheinlich ein Tier, das gefürchtet werden mußte.

Drachen sind natürlich nicht nur der lebengebende Geist, sondern die tatsächliche Form des Zusammenwirkens von feng und shui um Wolken in ihren exotischen Formen in die Höhen zu tragen, sie ins Binnenland zu treiben um ihren befruchtenden Regen über den Berggipfeln zu ergießen, den traditionellen Wohnstätten der Drachenkönige, die den ganzen Vorgang regulieren. Drachenkönige bestimmen das Wetter, wie sie auch zwischen Himmel und Erde vermitteln, während sich die fünf Wetter-ch'i dazwischen bewegen und mit Blitz, Regen, Wind und Sonnenschein die Wirkungen des himmlischen Yang-ch'i dem irdischen Yin-ch'i überbringen.

Es wird gesagt, daß der Wind, wenn er von allen Seiten Zugang zu einem Standort hat, das ch'i verwehen wird, bevor es sich ansammeln kann. Wenn jedoch der Wind sanfter ist, bleibt der vitale Atem der Erde, ch'i, erhalten. Es gibt erstaunliche Ähnlichkeit zwischen den Strömungen der Luft und denen von ch'i, da der Wind, wie das Wasser, als eines der fünf Wetter-ch'i angesehen wird, die zwischen Himmel und Erde vermitteln.

Es ist merkwürdig, daß unter allen Büchern über Feng-Shui zwar viele die Wasserläufe (shui) behandeln, es jedoch kaum Erwähnungen von dem Wind (feng) gibt, außer andeutungsweise. Vielleicht liegt dies an der unbeständigen Natur dieses Aspektes der Erdoberfläche. Natürlich werden hsüeh in Muldenlagen erwähnt, die sie vor zu starken Winden schützen, aber dennoch nicht so sehr, daß ihre Luft stagniert. So wie die Drachen der Erde (ti) von den Drachen des Himmels (ti'en) gespiegelt werden müssen, und der Wind, der zwischen ihnen weht, den Menschen darstellt, hat Feng-Shui offensichtlich den Zweck, den Menschen in die bestmögliche Position zwischen den Drachen von Himmel und Erde zu versetzen.

4 Zeiten und Gezeiten: Die Zahlen des Feng-Shui

Wenn ein menschlicher Herrscher Nester und Eier zerstören mag, wird der Phönix nicht aufsteigen. Wenn er die Gewässer ablassen und alle Fische herausnehmen mag, wird der Drache nicht kommen. Wenn er trächtige Tiere töten mag und ihre Jungen mordet, wird das Einhorn nicht erscheinen. Wenn er es mag, die Wasserwege zu unterbrechen und die Täler zu überfluten, wird sich die Schildkröte nicht zeigen. ('Ta Tai Li Chi')

Vieles an dem, was in Feng-Shui wie intuitive Überlegung wirkt, ist tatsächlich von der chinesischen Achtung vor Gesetz, Ordnung und Mathematik abgesteckt. Ein schneller Blick auf den Rahmen der Gesetze des li, die über die chinesische Kosmologie herrschen, verschafft uns ein Vokabular und Hintergrund der Feng-Shui-Begriffe.

1 Himmel

Im Zentrum des Systems ist die Einheit, die oft als Himmel (t'ien) übersetzt wird, unpersönlich, omnipotent und ziemlich weit entfernt.

2 Yang und Yin

T'ien atmet und Licht (Yang) und Dunkelheit (Yin) sind erschaffen. Sie sind im "I Ching" als ganze Linie (Yang) und als unterbrochene Linie (Yin) wiedergegeben. Da die ganze Linie eins ist, und die unterbrochene Linie zwei Dinge ist, ist Yang gleich eins, und Yin gleich zwei. Daraus ergibt sich, daß alle ungleichen Zahlen Yang sind, und alle gleichen Yin. Daher sind die Paarungen von ungleich- und gleich-numerierten ch'i-Flüssen wohlbringende Verbindungen.

Da die uralte, wörtliche Bedeutung von Yin 'die schattige Nordseite eines Hügels' andeutet, und die von Yang 'die sonnige Südseite eines Hügels', liegt die Beziehung dieser Begriffe zur Oberfläche der Erde sofort auf der Hand.

Yin regiert die Erde, alles negative, weibliche, dunkle, wässrige, weiche, kalte, tödliche und stille. Yang regiert den Himmel und alles positive, männliche, helle, feurige, harte, warme, lebende und sich bewegende. Aus der Verbindung und dadurch entstehenden Abänderung des Yang und des Yin ist der Rest des Universums gebildet, dessen Leben und Atem ch'i ist.

4 Vier Jahreszeiten und Tiere der Quadranten

Im ersten Kapitel berührten wir kurz die Orientierung der vier Quadranten. Unter Beibehaltung des chinesischen Kartenmodells, bei dem der Süden oben auf einem Blatt liegt, können wir etwas Detail hinzufügen, indem wir den Quadranten die vier Jahreszeiten hinzufügen. Natürlich befindet sich der Sommer, die heißeste Jahreszeit, im Süden, während sich der Frühling an der Stelle der aufgehenden Sonne, im Osten befindet. Die weiteren Jahreszeiten stehen ihren Gegenstücken gegenüber.

Wenn wir zusätzlich das gesamte Yang-Trigramm (männlich) auf den Sommer übertragen, und das vollständige Yin-Trigramm (weiblich) auf den Winter, bemerken wir eine Zunahme von Yin von Herbst zu Winter, und eine Zunahme von Yang von Frühling zu Sommer.

Die Sonne steigt im Osten, so wie das Jahr mit dem Frühling anfängt, erreicht den Höhepunkt im Süden (Sommermitte), geht im Westen unter (Herbst) und ist im Norden dunkel (Wintermitte).

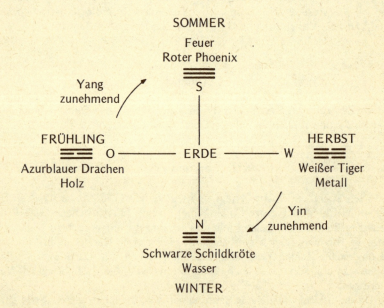

Abb. 6 Das jahreszeitliche Zunehmen von Yang und Yin

Dementsprechend sind die Jahreszeiten auf die vier Quadranten verteilt:

Frühling — Osten (Yang und Yin gleich)
Sommer — Süden (Yang maximal)
Herbst — Westen (Yang und Yin gleich)
Winter — Norden (Yin maximal)

> *Gleichheit im Trigramm ist nicht möglich, sonst fehlt der Anstoss zur Wandlung und alles wäre zu Ende*

Ferner können die fünf chinesischen Elemente auf die Jahreszeiten und so die Himmelsrichtungen des Kompasses übertragen werden, wobei Feuer dem Roten Phönix des Sommers angehört, und Wasser dem Kalten Norden. Das fünfte Element, Erde, wird nicht so untergebracht, sondern in der Mitte.

5 Die Fünf Elemente — Wu Hsing

[Bewegtheiten]

Die fünf Elemente der Chinesen unterscheiden sich von den altgriechischen Elementen Feuer, Luft, Erde und Wasser insofern, als ihnen Holz zugehört, das organisch ist und die gesamte pflanzliche Bedeckung der Erde darstellt, und nicht nur Bäume, sowie auch Metall, welches zu einem gewissen Grad Dinge symbolisiert, die aus der Erde herausgefiltert und hergestellt sind.

Die Elemente sind:

Wasser — shui
Feuer — huo
Holz — mu
Metall — chin
Erde — t'u

Es ist interessant, daß Luft, feng, ausgelassen wurde, obwohl Wasser, shui, dabei ist. Dies ist so, weil der Wasserdunst und die Wolken, die den überwiegenden Teil der Atmosphäre ausmachen, in shui enthalten sind.

In gewisser Weise ist die elementare Betrachtung des Universums der Chinesen ökologischer orientiert als die altgriechische. Zusätzlich sprechen die Chinesen von einer Ordnung gemeinsamer Produktion und gemeinsamer Zerstörung unter den Elementen, während das klassisch-griechische System statischer ausgelegt ist. Diese fundamentalen Unterschiede in den frühen philosophischen Formulierungen des Universums weisen auf zwei grundsätzliche Unterschiede zwischen den Kulturen Chinas und Europas hin.

Das gesamte Konzept des Lebens der Erde und ihres Atems, ch'i, ist dem Chinesen so völlig offensichtlich und dem Europäer so völlig fremd. Diese frühe Betrachtung der Welt, die von jeder der beiden Kulturen getrennt hervorgebracht wurde, hat dazu beigetragen, den Unterschied zu verstärken.

Es ist jedoch etwas irreführend, diese fünf Begriffe 'Elemente' zu nennen, denn hsing weist auf Bewegung hin, also wäre 'die Fünf sich Bewegenden' eine passendere Bezeichnung anstelle von Elementen. Dies unterstützt natürlich den Gedanken erheblich, daß sie sich gegenseitig in einem andauernd bewegten Zyklus erzeugen und zerstören. Wie die Trigramme und Hexagramme aus dem "Buch der Veränderungen", dem "I Ching", sind auch sie Symbole der Veränderung und der Transformation.

Das buddhistische Konzept, daß das Universum ein sich andauernd veränderndes Panorama der 'Vielfalt der Dinge' ist, in dem die Aktivität des Veränderns und das Große Absolute hinter den Veränderungen die einzigen Konstanten sind, liefert den Hintergrund für die Theorie der 'Fünf sich Bewegenden'.

Es gibt Glypten, die diese Wechselbeziehung in Bezug auf die fünf Elemente erklären. Zwei der urältesten sind das Ho-t'u und das Lo-shu, und diese werden in Verbindung mit den acht Trigrammen näher untersucht werden. Das erstere stellt die Wechselbeziehungen der fünf Elemente in der Früheren Himmelfolge, in ihrem Yang-Aspekt, dar, der besonders im Halbjahr des Zunehmens zutrifft. Die Folge des Ho-t'u ist folglich eine des Gebärens. Die Elemente gebären einander in der Folge, wie sie in Abb. 7 dargestellt wird. So brennt Holz um Feuer zu erzeugen, was wiederum Asche (Erde) ergibt, in der Metall gefunden werden kann. Metall ist auch in den Adern der Erde zu finden, aus denen (nach chinesischem Denken) die unterirdischen Ströme entsprangen (Wasser), die das pflanzliche Leben ernähren und Holz entstehen lassen.

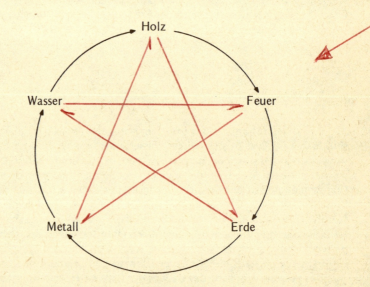

Abb. 7 Die Anordnung der gegenseitigen Produktion

Auf der anderen Seite stellt das Lo-shu die abnehmende Jahreshälfte, den Yin-Aspekt, dar. Die Spätere Himmelfolge der Trigramme zeigt die zerstörende Anordnung der Elemente an. Jedes Element zerstört ein anderes in der in Abbildung 8 gezeigten Reihenfolge, so daß, nach der Theorie des Feng-Shui, das zerstörende Element dem zerstörten feindlich gegenüber steht.

Beide dieser Zyklen sind in Begriffen, die das große Spektrum der Dinge

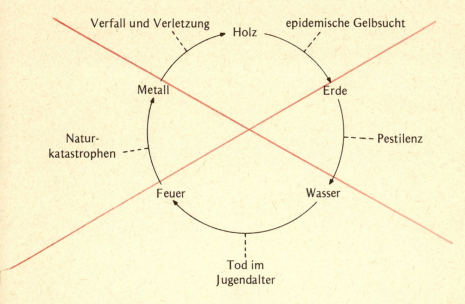

Abb. 8 Die Anordnung der gegenseitigen Zerstörung

beschreiben, das von den Elementen tangiert wird, leichter richtig bewertbar. Feuchtwang erklärt dies besonders treffend (1974:42):

> Holz wird als die gesamte Pflanzenwelt verstanden, wird von Wasser genährt, und verschluckt, überdeckt und bindet Erde, wird von Werkzeugen aus Metall gefällt und ist entzündbar; wenn Wasser als sämtliche Flüssigkeiten verstanden wird, inklusive der Verflüssigung von Metall durch Feuer, die mit Erde wieder zum Erstarren gebracht werden kann, und Erde als alles verstanden wird, was vermischt, unrein und von lebloser Substanz ist, inklusive der Asche, die durch Feuer produziert wird.

Wenn diese fünf Elemente im Verhältnis zu anderen Bereichen des chinesischen Denkens bedacht werden, ergibt sich ein weitreichendes Netz von korrespondierenden Faktoren. Diese bilden den Hintergrund für vieles an chinesischer Philosophie und Spekulation und sind auch Teil der unausgesprochenen fünffachen Assoziationen, die der Feng-Shui-Praktizierende als selbstverständlich betrachtet.

Kreis = Symbol des Werdens
Tentagramm = Symbol des Vergehens
beachte den "5-Stern" in den Staatssymbolen von USA und USSR (samt jeweiligen Satelliten)

Tab 5 Die fünf Elemente nach der Früheren Himmelsfolge

Element	Holz	Feuer	Erde	Metall	Wasser
Richtung	Osten	Süden	Mitte	Westen	Norden
Farbe	Blau/Grün	Rot	Gelb	Weiß	Schwarz
Jahreszeit	Frühling	Sommer		Herbst	Winter
Zahlen und Zehn Himmlische Stämme (Yin)	8 i	2 ting	10 chi	4 hsin	6 kuei
(Yang)	3 chia	7 ping	5 wu	9 keng	1 jen
Klima	windig	heiß	schwül	trocken	kalt
Berge	T'ai-shan	Heng-shan (in Hunan)	Sung-shan	Hua-shan	Heng-shan (in Hopei)
Planeten	Jupiter	Mars	Saturn	Venus	Merkur
Tiere	Azurblauer Drache	Phoenix/ * Roter Vogel	Ochse/Büffel Gelber Drache	Weißer Tiger	Schlange/ * Schildkröte Dunkler Krieger
Körperöffnungen	Augen	Ohren	Mund	Nase	Anus und Vulva
Kaiser	Fu-Hsi	Shen-Nung	Huang-ti	Shao-hao	Chüan-hsü
Deren Assistenten	Chü Mang	Chu Jung	Hou-t'u	Ju-shou	Hsüan-ming
Qualitäten	formbarend	brennbar und aufsteigend	eßbare Pflanzen schaffend	verformbar und veränderbar	durchnässend und sinkend
Fünf Klassen von Tieren	schuppig (Fische)	gefiedert (Vögel)	nackt (Mensch)	haarig (Säuger)	gepanzert (Wirbellose)
Fünf Haustiere	Schaf	Geflügel	Ochse	Hund	Schwein
Zahl	8	7	5	9	6
Yin/Yang	− Yang	+ Yang		− Yin	+ Yin
Wetter-ch'i	Wind	Hitze	Sonnenschein	Kälte	Regen

* Sympathie: beide Tiere gelten als unsterblich!

8 'Pa Kua', die acht Trigramme des 'I Ching'

Das 'I Ching' ist ein binares System der Weissagung, das den beiden Grundeinheiten Yin und Yang entstammt, der unterbrochenen weiblichen Linie (– –) und der ungeteilten männlichen Linie (——).

Ein Trigramm ist eine dreischichtige Kombination von Yin und Yang Linien. Daher sind 2^3, also acht Trigramme, möglich.

Tab. 6 Die acht Trigramme oder 'pa kua'

Ch'ien	乾	Der religiöse und irdische Himmel, die himmlische Sphäre	☰
Tui	兌	Feuchte Ausatmungen, Dünste, Wolken	☱
Li	離	Feuer, Hitze, die Sonne, Licht, Blitz	☲
Chen	震	Donner	☳
Sun	巽	Wind und Holz	☴
K'an	坎	Wasser, Ströme, Seen, Meere und ähnliches	☵
Kên	艮	Berge	☶
K'un	坤	Erde, irdische Materie	☷

Die Trigramme werden miteinander kombiniert, um 8 mal 8 Verbindungen zu ergeben, also die 64 Hexagramme. Die Ausdrücke Trigramm und Hexagramm (was nicht mit dem westlichen Hexagramm, dem Davidstern, verwechselt werden sollte, der sich aus zwei miteinander verschlungenen Dreiecken zusammensetzt) deuten ausschließlich auf die Anzahl der Linien hin, die diese Zeichen enthalten. Das Hexagramm ist es, das als letztendliches Ergebnis des Weissagevorgangs des 'I Ching' gilt, und die Antwort auf die gestellte Frage vermittelt.

Jedes der Hexagramme ist von einem Kommentar begleitet (je nach der Zusammenstellung der Linien), der angeblich von König Wên und dem Fürsten Chou im 12. Jahrhundert v.Chr. geschrieben wurde, und diese machen den größten Teil der 'I Ching'-Texte aus.

Die meisten Übersetzungen des 'I Ching' konzentrieren sich verständlicherweise auf den tatsächlichen Text oder die weissagenden Antworten, statt die Bedeutungen der Trigramme und Hexagramme selbst zu erläutern. Diese Bedeutungen sind in den sogenannten 'Flügeln' oder späteren Nachträgen zum 'I Ching' enthalten, die angeblich von Konfuzius verfaßt wurden. Diese 'Flügel' sind viel älter als die Kommentare, die oftmals den meisten Platz in zeitgenössischen europäischen Editionen dieses großen Klassikers beanspruchen. Eine Aussage wie 'K'an ist Wasser, das Trigramm des Nordens, wohin die zehntausend Dinge zurückkehren', ist eine ausdrückliche Indikation des Verhältnisses dieses Trigramms zum Norden in der Späteren Himmelsreihenfolge.

Jedoch werden die Trigramme den Richtungen des Kompasses in zwei ausdrücklichen und getrennten Anordnungen zugeschrieben. Diese werden die Frühere Himmelsreihenfolge (angeblich von Fu-Hsi erdacht und wahrscheinlich die ältere der beiden), und die Spätere Himmelsreihenfolge genannt (die mit König Wên in Zusammenhang gebracht wird, dem ersten Herrscher der Chou-Dynastie). Obwohl uns die Entstehungsgeschichte dieser beiden Anordnungen nicht beschäftigen muß, ist die Tatsache wichtig, daß sie sich radikal von einander unterscheiden. Beide Reihenfolgen sind in Abbildung 9 dargestellt.

Die Linien der Trigramme, die sich der Mitte des Kreises am nächsten befinden, sind die untersten Linien, und werden, wie bei den Hexagrammen, als erste Linie (oder Zeile) betrachtet. Nicht vergessen werden sollte auch, daß sich der Süden oben auf der Seite befindet, der Norden unten, konform mit der chinesischen Auffassung und Handhabung, den Süden als die wohlbringenste Richtung des Kompasses zu bewerten, und ihm daher den obersten Platz zuzusprechen. Vielleicht beruht dies auf der Erinnerung der Rasse daran, daß die frühen Invasionen Chinas durch die später herrschende Rasse immer zum Süden hin zogen, und so Tod und Verwüstung vom Norden her brachten.

Linie 1 stellt das Geschlecht des Trigramms fest, die mittlere Linie ist das nächste Kriterium für die relative Zugehörigkeit zu Yin oder Yang. Die dritte Linie, also die äußerste, hat die geringste Wichtigkeit. Auf diese Weise kann eine Hierarchie aufgebaut werden, die von Ch'ien bis K'un reicht.

Die Frühere Himmelsreihenfolge ist die idealisierte Darstellung, während die Spätere Himmelsreihenfolge für die praktische Anwendung der Trigramme auf der Erde dasteht. Dementsprechend wird die Frühere Himmelsreihenfolge der Himmlischen Platte des Feng-Shui-Kompasses zugeordnet, und die Spätere Himmelsreihenfolge der Erdplatte. Diese letztere hat einen praktisch anwendbaren Bezug zu dem strategisch wichtigen ch'i der Erde.

Die Frühere Himmelsreihenfolge entspricht dem Ho-t'u-Diagramm, während die Spätere Himmelsreihenfolge dem Lo-shu-Diagramm entspricht. Im chinesischen Original des Lo-shu gibt es neun Gruppen von Punkten, die Zahlen darstellen. Diese werden meistens in Form eines magischen Würfels gezeigt, der aus drei mal drei Feldern besteht. Zu den offensichtlichen Vorzügen dieses Quadrats gehört die Tatsache, daß die Summen jeder waagerechten, senkrechten oder diagonalen Leiste immer 15 ergeben, was auch die Anzahl der Tage in jeder der 24 Phasen des Sonnenjahres ist.

Die Spätere Himmfelsreihenfolge von Trigrammen entspringt dem Loshu, wie in Abbildung 10 gezeigt. Man bemerke, daß die ungleichen (Yin) Zahlen die Kardinalpunkte bilden, und die gleichen (Yang) Zahlen die interkardinalen Punkte. Diese neun Kammern können als die neun Paläste der Ming T'ang angesehen werden, durch die der Kaiser je nach Jahreszeit wandeln sollte. In einem kleineren Rahmen brachten sie nicht nur jede der kardinalen und interkardinalen Richtungen in Verbindung mit einem Trigramm, sondern schreibt die Trigramme jedem Raum des Hauses oder des Tempels zu, der nach dem traditionellen quadratischen Plan gebaut wird, wobei der innere Hof oder das Atrium (Feld 5) mit keinem spezifischen Trigramm in Verbindung gebracht wird.

Frühere Himmelsreihenfolge

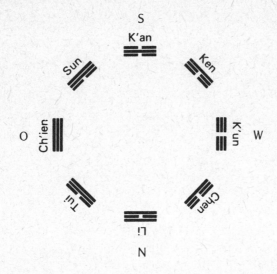

Spätere Himmelsreihenfolge

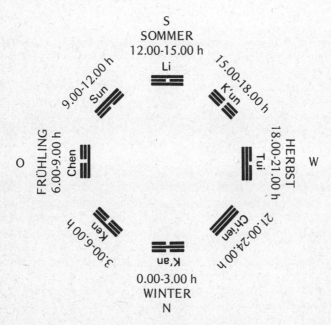

Abb. 9 Frühere und Spätere Himmelsreihenfolge der acht Trigramme

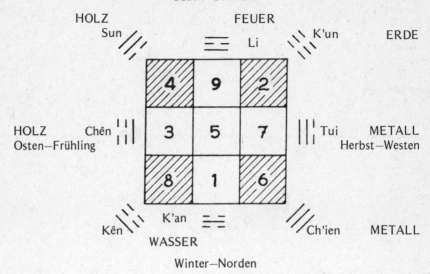

Abb. 10 Das Lo-shu

Die Trigramme weisen also darauf hin, welche Räume eines Hauses für spezifische Zwecke oder Mitglieder der Familie am besten geeignet sind. Da jedes Trigramm mit einem oder dem anderen Mitglied der Familie verbunden ist, ist es vorteilhaft, wenn sich sein Schlafzimmer im entsprechenden Abschnitt des Hauses befindet. In einem größeren Maßstab helfen die Trigramme die passendsten Richtungen von Durchgängen oder Stadttoren festzustellen.

Wenn ein möglicher Bauplatz begutachtet wird, werden die Trigramme auch angewendet, um die Ein- und Ausgangsstellen von Wasserwegen zu bewerten. Das Buch 'Erklärungen des Kompasses' weist darauf hin, daß gewisse Ein- und Austrittpunkte von Wasserwegen im Konflikt zueinander stehen können, da das eine nach der Früheren Himmelsreihenfolge bewertet wird, das andere nach der Späteren Himmelsreihenfolge.

Wenn diese Kompaßpunkte dem gleichen Trigramm zugeschrieben werden, (jedoch in verschiedenen Reihenfolgen), dann gilt der Standort als nicht wohlbringend. So könnte Wasser am Kompaßpunkt des K'un Trigramms eintreten (in der anderen Reihenfolge), und den Standort in der K'un Richtung wieder verlassen (in der anderen Reihenfolge). Der Fluß des ch'i, der ein Trigramm mit sich verbindet, bringt so auch die beiden Reihenfolgen zusammen, was eine Art von 'Kurzschluß' zwischen Himmel und Erde verursacht, der den Standort als Bauplatz unbrauchbar macht.

Die Spätere Himmelsreihenfolge wird angewendet, um die Harmonie oder den Gegensatz zwischen Yin und Yang an spezifischen Stellen festzustellen, während die Frühere Himmelsreihenfolge das im Kreis verlaufende Abnehmen und Zunehmen von Yin und Yang in der archetypischen oder himmlischen Form anzeigt.

Obwohl die beiden Reihenfolgen sich anscheinend widersprechen, ist die Logik des Systems bewahrt, wenn sie voneinander getrennt gedacht werden, und wenn bedacht wird, daß die Frühere Himmelsreihenfolge die himmlische Ordnung darstellt, während die Spätere Himmelsreihenfolge die weniger vollkommenen Zyklen der Jahreszeiten behandelt, sowie die Manifestationen auf der Erde selbst, und daher in dem irdischen Teil des Feng-Shui-Kompasses eine prominente Rolle spielt.

In ihrer Auswirkung herrscht die Frühere Himmelsreihenfolge auf dem Feng-Shui-Kompaß vor, da sie meistens in Trigramm-Form im zweiten Ring des Kompasses vertreten ist. Umgekehrt beinhalten die subkardinalen Punkte dessen, was oft der 29. Ring ist, die chinesischen Namen von vier Trigrammen der Späteren Himmelsreihenfolge.

Das Übereinstimmen der Trigramme illustriert die Qualitäten, die mit den Ein- und Austrittspunkten des ch'i an den acht Hauptrichtungen des Kompasses in Verbindung gebracht werden können.

Ch'ien steht für Festigkeit und Stärke. Es repräsentiert ein Pferd, den Kopf, die himmlische Sphäre, einen Vater, einen Prinzen, Rundheit, Jade, Metall, Kälte, Eis, rote Farben und die Frucht der Bäume.

K'un steht für Zahmheit, Rinder, den Bauch, Mutter Erde, Tuch, Kochkessel, Sparsamkeit, das Jungrind, große Karren, Figuren, die Menge, den Griff, schwarze Farben und anderes mehr.

Chên zeigt Bewegung an. Es repräsentiert einen Drachen (das heißt, das Tier des Ostens, in der Späteren Himmelsreihenfolge). Es steht auch für die Füße, den erstgeborenen Sohn, Donner, dunkelgelbe Farben, Entwicklung, hohe Straßen, Entscheidung, Vehemenz, Bambus und Schilf.

Sun bedeutet Eindringen, und steht für Geflügel, die Schenkel, eine erstgeborene Tochter, Holz, Wind, Weiß, Länge, Höhe, eine Vor- und Zurückbewegung, Kahlköpfigkeit und eine breite Stirn.

K'an bedeutet Gefahr, ein Schwein, die Ohren, den mittleren Sohn, Wasser, Kanäle und Ströme, verborgene Dinge, sich abwechselnde Geraden und Kurven, einen Bogen, ein Rad, Kummer, geistige Qualen, Schmerzen in den Ohren, blutrote Farbe, den beflügelten Geisteszustand, einen herabhängenden Kopf, den schleppenden Schritt, und letztlich Diebe und starke Bäume.

Li bedeutet Schönheit und Helligkeit. Es bedeutet einen Fasan, den Vogel des Südens (in der Späteren Himmelsreihenfolge), Augen, die mittlere Tochter, die Sonne, Blitz, Helme, Speere und Schwerter, einen dickbäuchigen Mann, Trockenheit, Schildkröten, Taschenkrebse, spirale Mollusken, Muscheln und Meeresschildkröten.

Kên bedeutet Verstopfung, einen Hund, die Hände, den jüngsten Sohn, Pfade und Wege, kleineres Gestein, Tore, Früchte und Gurken, Dienstboten und Eunuchen, Fingerringe, Ratten und Vögel mit großen Schnäbeln.

Tui bedeutet Genuß, ein Schaf, den Mund, die jüngste Tochter, spiritualistische Medien, die Zunge, eine Konkubine, und so weiter.

Für Feng-Shui ist, zum Beispiel, die Beziehung zwischen Trigrammen und Mitgliedern der Familie von oberster Wichtigkeit, wenn überlegt wird,

Tab. 7 Die Trigramme nach der Späteren Himmelsreihenfolge

Kompaß-punkt der Reihenfolge	Trigramm		Familien-mitglied	Teil des Körpers	Natur-phänomen	Element	Jahreszeit	Zugehörigkeit in den Ringen des Kompasses
SW	Ch'ien	☰	Vater	Kopf	Himmel	Metall	Himmel	chia
NW	K'un	☷	Mutter	Bauch	Erde	Erde	Erde	i
O	Chen	☳	ältester Sohn	Fuß	Donner	(Holz)	Frühjahr	keng
SO	Sun	☴	älteste Tochter	Schenkel	Wind	Holz		kuei
N	K'an	☵	mittlerer Sohn	Ohr	Mond	Wasser	Winter	hsing
S	Li	☲	mittlere Tochter	Auge	Sonne, Blitz	Feuer	Sommer	jen
NO	Kên	☶	jüngerer Sohn	Hand	Berg	(Holz)		ping
W	Tui	☱	jüngere Tochter	Mund	See	(Wasser und Metall)	Herbst	ting

wenn sein Trigramm in Einklang mit der Hauptsache des in Frage kommenden Standortes gebracht wird.

Die Symboltiere sind Indikatoren der Kardinalpunkte für die Spätere Himmelsreihenfolge, wie auch die elementaren und saisonalen Bezüge. Die Anwendung der letzten Kolumne von Tabelle 7 wird in einem späteren Kapitel verdeutlicht.

Nun, da die diversen Mitglieder der Familie alle eine Beziehung zu einem gewissen Punkt des Kompasses haben, wird der Sohn oder die Tochter, deren Punkt ein 'anhaltendes chi'i in ihrem Quadranten zur Zeit der Beisetzung der Eltern' enthält, nicht zu demselben Grad in den Genuß der Feng-Shui-Vorteile der elterlichen Beisetzung kommen wie die übrigen Geschwister, und wird daher für eine Verschiebung der Beerdigung oder die Veränderung der Grablage argumentieren, bis sich die Aspekte des eigenen Kompaßpunktes verbessert haben. Wenn es sich natürlich um eine große Familie handelt, deren Mitglieder die meisten Kompaßpunkte belegen, wird es nie für alle ideale Bedingungen bei einer Beerdigung geben. Manchmal ergibt sich daraus der Anschein, als könne die Beisetzung überhaupt nicht stattfinden!

Da der Eintritt sowie Austritt des ch'i-Flusses berücksichtigt werden sollte, sind die Mitglieder der Familie nach der Früheren Himmelsreihenfolge wie folgt verteilt:

S	Ch'ien	Vater
N	K'un	Mutter
SW	Tui	ältester Sohn
O	Li	mittlerer Sohn
NW	Chen	jüngster Sohn
NO	Kên	älteste Tochter
W	K'an	mittlere Tochter
SO	Sun	jüngste Tochter

10   Die Zehn Himmlischen Stämme

Die Zehn Himmlischen Stämme markieren die Positionen der Sternbilder zu Beginn eines neuen Jahres. Wie der Name schon besagt, beziehen sich die Zehn Himmlischen Stämme auf die Himmelsplatte des Kompasses mehr als auf die Erd- oder Menschenplatte, obwohl sie auf letzterer auch vorkommen.

Stämme, die mit Wasser in Verbindung stehen, werden von dem fengshui hsien-sheng verwendet, um bei den Wasserwegen, die vom möglichen hsüeh aus sichtbar sind, die Qualität, sowie Unterbrechungen, Biegungen, Zusammenflüsse und Stellen des Erscheinens und des Verschwindens zu bewerten. Von den Stämmen wird manchmal auch gesagt, daß sie 'Wasser enthalten'. Auch im Westen stellt die Bezeichnung 'Milchstraße' eine unbewußt ausgedrückte Verbindung zwischen den Sternen und Wasser oder Milch dar. Die alten Ägypter sahen die Sterne auch als Milch aus den Brüsten der Göttin des Himmels, Nuit, an.

Vier der Stämme werden als glückbringend angesehen, und vier als unheilvoll.

Unheilvolle Stämme:
1
2
9
10

Glückbringende Stämme:
3
4
7
8

Tab. 8 Die Zehn Himmlischen Stämme

Nummer und Name		Element
1	甲 chia	Holz
2	乙 i	
3	丙 ping	Feuer
4	丁 ting	
5	午 wu	Erde
6	己 chi	
7	庚 keng	Metall
8	辛 hsin	
9	壬 jen	Wasser
10	癸 kuei	

Das relative Glück bei den Stämmen hat zu tun mit ihrer Verbindung mit den Trigrammen. In diesem Fall sind die unheilvollen Stämme mit den Trigrammen Ch'ien und K'un verbunden, die nicht glückbringend sind, weil sie jeweils überwiegend Yang- und Yin-Einflüsse aufweisen, ohne eine Wechselbeziehung beider.

Weil jedoch die Stämme 3, 4, 7 und 8 mit den Trigrammen Kên und Sun verbunden sind, die eine angebrachte Mischung von Yin und Yang enthalten, sind sie glückbringend.

Die Stämme 1 und 9 werden als Yang-'Waisen' betrachtet. Das heißt, Kinder, die alleine in der Welt gelassen sind und sich daher in einer starken Yang-Art behaupten müssen.

Die Stämme 2 und 10 sind Yin-'Wüsten', das Gegenteil von eben, aber ihrerseits nicht wünschenswert, da kein Yang-Gleichgewicht vorhanden ist. Auch hier tritt der chinesische Wunsch nach Mäßigung und Gleichgewicht zum Vorschein im Kontext ihrer Symbologie. 'Waisen-Leere' bedeutet auf Chinesisch wörtlich 'glücklos'.

Die Stämme 3 und 7 sind Yang-Wohlergehen. Hier enthalten die Stämme eine Mischung von Yin und Yang.

Die Stämme 4 und 8 haben Yin-Beistand, wiederum eine glückbringende Mischung. 'Wohlstand-Beihilfe' ist die chinesische Wortkombination für 'Glück erfahren'.

Die Stämme 5 und 6 stellen die Mitte dar und nehmen keine ausdrückliche Richtung ein. Auf der Skala der Zahlen 1 bis 10 nehmen sie auch die Mitte ein, da 5 und 6 jeweils die Hälfte der Stämme und die Hälfte der Äste sind. Auch sind sie keinem Trigramm zugeordnet, da es nur acht Trigramme für zehn Stämme gibt. Sie werden das 'Schildkrötengehäuse' genannt, ein Symbol für die Mitte oder das Universum. Sie sind nicht auf spezifisches ch'i bezogen. Sie können, wenn überhaupt, eher negativ anstatt unheilvoll betrachtet werden, da sie angewendet werden können, um der Verbreitung von she (giftigen Dämpfen) entgegen zu wirken, indem sie dem sha die Herrschaft der Schildkröte aufzwingen, um es in seinen Grenzen zu halten.

Wie die Äste dienen die Stämme auch auf weitere Weisen, und stellen oft die Zahlen von 1 bis 10 dar, oder die fünf Elemente, wenn sie in Yin-Yang Paaren gruppiert werden.

12 Die Zwölf Irdischen Äste

Die Zwölf Irdischen Äste werden oft auch die Zwölf Stunden-Äste genannt. Die Äste liefern spezifische Information über Zeit oder Ort. Die zwölf Hauptpunkte des Kompasses sind diejenigen, die den Zwölf Irdischen Ästen zugeteilt sind, und es ist ihre Grundfunktion, die irdischen Richtungen zu markieren. Sie sind grundsätzlich den Erd- und Menschenplatten des Kompasses eher zugehörig als der Himmelsplatte. Sie markieren das Vorkommen von irdischem Drachen-ch'i.

Alleine genommen zeigen die Äste auch die zwölf Doppelstunden des Tages und die zwölf Monate des Jahres an.

Die Äste sind zu Zeitmarkierern für alles geworden, was Bruchteile von zwölf betrifft, inklusive des Großen Jahres, dem Umlauf des Planeten Jupiter um die Sonne, zwölf übliche Jahre umfassend.

So können ein Jahr, ein Monat und eine Stunde jeweils von einem der Zwölf Irdischen Äste angezeigt werden, was dann wiederum eine Kompaßrichtung für jede dieser Zeiten mit sich bringt, und weitere Mechanismen für vereinende Handlungen in einem Raum/Zeit-Kontinuum liefert. Die Zusammenhänge werden in Tabelle 9 dargestellt, in der die Äste, obwohl irdisch, einige der Tiere annehmen, die als Symbole für die hsiu oder Sternbilder verwendet werden.

Tab. 9 Die Zwölf Irdischen Äste

Die 12 Äste	Symboltier	Monat	Doppelstunde des Tages	Richtung
Tzu	Ratte	Wintermitte	23 — 1	N
Ch'ou	Ochse	Winterende	1 — 3	N 30° O
Yin	Tiger	Frühjahrsbeginn	3 — 5	N 60° O
Mao	Hase	Frühjahrsmitte	5 — 7	O
Ch'en	Drachen	Frühjahrsende	7 — 9	S 60° O
Ssu	Schlange	Sommerbeginn	9 — 11	S 30° O
Wu	Pferd	Sommermitte	11 — 13	S
Wei	Schaf	Sommerende	13 — 15	S 30° W
Shen	Affe	Herbstbeginn	15 — 17	S 60° W
Yu	Hahn	Herbstmitte	17 — 19	W
Hsü	Hund	Herbstende	19 — 21	N 60° W
Hai	Eber	Winterbeginn	21 — 23	N 30° W

Die Jahreszeiten passen auf natürliche Weise in die Äste und zeigen die besten Zeiten an, um Vorhaben, die mit Bauen oder Beisetzen zu tun haben, vorzunehmen. Die Wasserwende findet mitten im Ast tzu (N) statt, was natürlich der Beginn des neuen chinesischen Jahres ist, und die weiteren Äste folgen und teilen die Abschnitte des Kompasses den Jahreszeiten zu, von mao (O, Frühjahr) bis wu (S, Sommermitte) und yu (W, Herbst).

Die Zwölf Irdischen Äste sind jedoch nicht auf die Erde beschränkt, denn in der Wechselbeziehung mit den Zehn Himmlischen Stämmen werden sie zu sechzig Zeichen. Diese Legierung aus Himmel und Erde bringt einen Satz von Symbolen hervor, dessen Wirkung auf den Menschen als Mittelding zwischen Himmel und Erde unmittelbar ist.

60 Die Sechzig Zeichen

Um eine detaillierte Analyse der Zwölf Äste zu erreichen, müssen wir uns den sechzig Unterteilungen zuwenden, von denen sich jede aus einem Zeichen der Stämme und einem der Äste zusammensetzt. So wird jeder Ast in fünf Teile zerlegt, von denen jedes das Zeichen seines Astes plus eines der fünf gerade-numerierten Stämme trägt (oder eines ungerade-numerierten Stammes bei ebensolchen Ästen). Auf diese Weise entstehen 60 Zeichenkombinationen anstatt der 120, die entstehen würden, wenn die Regel 'gleich mit gleich und ungleich mit ungleich' nicht bestünde.

Diese sechzig Zeichen werden auch Drachen genannt, weil sie angewendet werden, um den irdischen ch'i-Fluß durch die Drachenadern aufzuspüren. Sie liefern auch einen Hinweis dafür, zu welcher Jahreszeit die jeweilige Ader für den Standort 'geöffnet' werden kann. Ungeachtet dessen, welcher Kompaßring zurate gezogen wird, sei es 13, 23 oder 31, die Eigenschaften von 'glückbringend' oder 'unheilvoll' bleiben ziemlich konsistent, da es lediglich geringe Unterschiede zwischen den Ringen gibt (außer wenn sie sich auf verschiedenen Platten befinden, da dies eine Divergenz von 7,5° gegenüber der exakten Orientierung ergibt). Genau die Hälfte der Sechzig Zeichen sind glückbringend, die andere Hälfte das Gegenteil, und die 'Drachen', die sich genau auf den 24 Kompaßpunkten befinden, bringen das meiste Glück.

Also gilt als Daumenregel, daß es am besten ist, einen Standort mit einer ch'i-Quelle zu verbinden, die von einem der Sechzig Zeichen angezeigt wurde, das sich genau an einem Kompaßpunkt befindet.

Wie die Zwölf Äste, die einen 12-Jahres-Zyklus darstellen, geben die Sechzig Zeichen einen 60-Jahres-Zyklus wieder. Es ist dieser Zyklus, der jedem chinesischen Jahr die designierten Elemente und Tiere verleiht, wie das Jahr der Hölzernen Ratte oder des Metallenen Drachen. In jedem Fall entstammt das Tier einem der Zwölf Äste und das Element einem der fünf Paare von Stämmen, aus denen die Sechzig Zeichen entstehen. Diese Designierungen sind in der chinesischen Astrologie beliebt und das Zeichen der 60 für die Stunde, den Tag, den Monat und das Jahr der Geburt ist ein Teil des Aufbaus des Horoskops.

Der Kalender

Der Kalender faßt viele von den Kategorien zusammen, die bislang behandelt wurden. Der übliche chinesische Kalender ist gleichzeitig mond- und sonnebezogen, wobei der Mond die Länge der Monate bestimmt, die Dauer des Jahres jedoch Sache der Sonne ist. Ferner setzt sich jeder Tag aus zwölf Doppelstunden zusammen und ist nach den fünf Elementen unterteilt.

Der 24-Phasen-Zyklus des Bauern- oder Sonnenkalenders wird in China bis heute benutzt. Er ist in acht chieh und sechzehn ch'i unterteilt. Chieh und ch'i sind sich in ungefähr gleich, außer daß chieh die Anfänge der acht Teile des Jahres markieren, also einer Jahreszeit, einer Wende oder eines Äquinoktiums. Jedes der chieh/ch'i entspricht 15° der Sonnenbahn und beinhaltet daher circa 15 bis 16 Tage.

Das Jahr ist in dieser Weise in 24 chieh/ch'i dividiert. Darauf wird es weiter in 72 hou unterteilt, drei pro chieh/ch'i. Ein hou ist daher etwas mehr als fünf Tage lang und bietet eine brauchbare Ritualzeit.

Die 24 Abschnitte des Sonnenkalenders sind wie folgt (Daten ungefähr):

Chieh	Li ch'un	Frühlingsanfang beginnt	5. Februar
Ch'i	Yu shui	Regenwasser	20. Februar
Ch'i	Ching chih	Erregte Insekten	7. März
Chieh	Ch'un fen	Frühjahrsäquinoktium	22. März
Ch'i	Ch'ing ming	Klar und hell	6. April
Ch'i	Ku yu	Getreideregen	21. April
Chieh	Li hsia	Sommeranfang	6. Mai
Ch'i	Hsiao man	Getreide füllt sich	22. Mai
Ch'i	Mang chung	Getreide in Ähren	7. Juni
Chieh	Hsia chih	Sommersonnenwende	22. Juni
Ch'i	Hsiao shu	Leichte Hitze	8. Juli
Ch'i	Ta shu	Große Hitze	24. Juli
Chieh	Li ch'iu	Herbstanfang	8. August
Ch'i	Ch'u shu	Hitze in Grenzen	24. August
Ch'i	Pai lu	Weißer Tau	8. September
Chieh	Ch'iu fen	Herbstäquinoktium	24. September
Ch'i	Han lu	Kalter Tau	9. Oktober
Ch'i	Shuang chiang	Rauhreif fällt	24. Oktober
Chieh	Li tung	Winteranfang	8. November
Ch'i	Hsiao hsueh	Leichter Schnee	23. November
Ch'i	Ta hsueh	Großer Schnee	7. Dezember
Chieh	Tung chih	Wintersonnenwende	22. Dezember
Ch'i	Hsiao han	Leichte Kälte	6. Januar
Ch'i	Ta han	Große Kälte	21. Januar

Die 24 Sonnenunterteilungen des Jahres haben auch räumliche Gegenstücke. Der Kompaß verbindet sie mit den 24 Richtungspunkten und integriert so Berücksichtigungen von Raum und Zeit in eine Serie von Symbolen. Der Zyklus der 60 Zeichen basiert auf einer 12maligen Teilung des Kreises

durch die 12 Äste. Wenn die 24 Punkte in 12 unterpaart werden, beinhaltet jedes Paar einen Ast, und die Verteilung der Äste ist die gleiche, in den Ringen der 24 Punkte wie in den Kompaßringen der 60 Zeichen. Die 60 Zeichen sind daher eine weitere Ausführung der 24 Punkte sowie der 24 Sonnenabschnitte der Zeit. Mit anderen Worten, Feng-Shui überbrückt Raum und Zeit, indem es den Kompaß ansetzt, um beide zu interpretieren.

Dies verleiht einer besonderen Richtung zu einer spezifischen Zeit im Jahr Bedeutung. Aus diesem Grund werden Beisetzungen und Bauvorhaben oft monatelang verschoben, denn, obwohl eine geeignete Lage ausgemacht wurde, ist es erforderlich die Zeit im Jahr abzuwarten, die mit der Orientirung des Standortes übereinstimmt.

In Opposition zu dem 'echten', praktischen Sonnenkalender der Bauern, steht der Kaiserliche Kalender, der auf dem Mondzyklus basiert. Der Kaiserliche Kalender, oder huang-li, basiert auf Zyklen von 60 Tagen und 60 Jahren, sowie 60 und seine Bestandteile (12 x 5 Elemente) sehr wichtige Unterteilungen des Feng-Shui-Kompasses sind.

Es ist nicht möglich, mit den Monaten des Kaiserlichen Mondkalenders gleichsam präzise umzugehen. Um die beiden Kalendertypen zu vergleichen, müßte man dem Mondkalender sieben eingeschobene Monate alle zehn Jahre hinzufügen. Als die Wintersonnenwende in die Nähe des letzten Tages des 11. Mondmonats fiel, wurde ein einzuschiebender Monat für das nächste Jahr von den Errechnern des Kaiserlichen Kalenders verordnet. Mondmonate wurden numeriert aber nicht benannt, und der 12. Monat fiel irgendwo zwischen Januar und Februar.

Der Mondkalender ist der sakrale, nach dem jährliche Festlichkeiten festgelegt werden, und er ist kein Kalender der praktischen Anwendung. Die Bauern verwenden den Sonnenkalender, um den landwirtschaftlichen Zyklus zu bestimmen, wie auch aus den Bezeichnungen der chieh/ch'i Abschnitte hervorgeht. Die 60 Zyklen und der Mondkalender sind unpraktisch anzuwenden. Sie sind tauglich für Weissagungen, Horoskope und um geschichtliche Abläufe festzuhalten.

Der Mondkalender dient jedoch als Basis für die astrologischen Berechnungen, die einzelne Menschen mit spezifischen Standorten verbinden. Die Wichtigkeit der persönlichen Rechenformel im Verhältnis zu einem Standort wird manchmal übersehen. Wenn ein feng-shui hsien-sheng einen möglichen Bauplatz überprüft, dann muß er die Geburtsdaten des Besitzers wissen. Untersucht er jedoch eine mögliche Grabstätte, so muß er dieselben Daten bezüglich der zu begrabenden Person kennen. Diese Daten werden dann unter Anwendung des chinesischen Almanachs, dem 'Tung Sing', mit den Richtungen des Kompasses in Einklang gebracht, um die korrekte Orientierung ausfindig zu machen. Das 'Tung Sing' bringt die Geburtsdaten in Relation zu den entsprechenden Tiersymbolen, eine Ordnung, die in Zyklen von 12 Jahren abläuft, wobei der vollständige Zyklus fünf Gruppen von je 12 Jahren, also 60 Jahre, umfaßt.

Diese Tiersymbole stehen in Beziehung zu der Richtung des Kompasses nach der Tabelle der 12 Irdischen Äste, die auch berücksichtigt, welche Tageszeit am günstigsten ist, um eine Handlung einzuleiten, die mit einer besonderen Richtung zu tun hat. Kombinationen können gefunden werden, die Gefahren neutralisieren. Wenn sie jedoch nicht entdeckt werden können, ist die Familie bemüht, die Beisetzung zu vertagen, bis der Almanach eine andere Richtung als besonders heilbringend nennt. Zu der Verbindung zwischen einzelnen Horoskopen und angewandtem Feng-Shui gibt ein Zitat von De Groot (1897:976) ein ausgezeichnetes Beispiel:

> Da fest geglaubt wird, daß diese (60) Zeichen ein Schicksal für ewig bestimmen, kann keine Grabstätte die geomantischen Vorrausetzungen erfüllen, wenn die zyklischen Zeichen für das Jahr der Geburt des Beizusetzenden am unteren Ende der Linie des Kompasses auftreten, welche von dem Almanach als günstig für das herrschende Jahr bestimmt wurde, in dem selbstverständlich auch das Begräbnis stattfinden soll. Nehmen wir zum Beispiel an, diese Linie verläuft von Süden nach Norden, sodaß die Längsachse des Grabes innerhalb des Segmentes fällt, das auf dem Kompaß mit dem Punkt tzu, oder dem Norden, begrenzt wird, wie in den Ringen VI und VIII angezeigt. Sollte der Verstorbene in einem Jahr geboren sein, das von einem Doppelzeichen gekennzeichnet ist, das auch das Zeichen für tzu enthält, wird sein Horoskop als kollidierend mit den wohlbringenden Einflüssen angesehen, die von Süden nach Norden fließen. Ihre Vorteile werden neutralisiert und es kann kein Segen von diesem Grab erwartet werden, wenn es in dieser Richtung plaziert wird. Daher muß seine Achse etwas nach links oder rechts verschoben werden, jedoch ohne daß der nördliche Quadrant überschritten wird. Und wenn befürchtet wird, daß die wohlbringenden Einflüsse der günstigen Linie auf diese Weise verloren zu gehen drohen, muß die Beisetzung vertagt werden. Monat, Tag und Stunde der Geburt des Verstorbenen können ähnliche Kollisionen hervorrufen, obwohl diese von geringerer Gefährlichkeit wären, da diese Daten ein weniger wichtiger Teil des Horoskops sind.

120 Die 120 Fen-Chin

Dieser Zyklus, der eine Erweiterung der Sechzig Zeichen ist, ist so detailliert in seinen Unterteilungen, daß er sich schwerlich in einem Diagramm wiedergeben läßt. Genauer gesagt, es ist sogar auf dem Kompaß schwierig, ein spezifisches Merkmal nach dem Roten Faden so festzulegen, daß es hundertprozentig auf einem der fen-chin liegt, es sei denn man verfügt über Augen wie Zielteleskope.

Es ist ähnlich der westlichen Astrologie, wo es möglich ist, Karten mit den Positionen der Planeten zu zeichnen, die in Graden, Minuten (ein sechzigstel Grad) und sogar Sekunden gemessen sind, aber bereits der geringste Fehler in der Angabe der Geburtszeit, und sei es um zehn Minuten, verschiebt die Positionen der Planeten erheblich.

Gleichsam geht es in der Ausübung des Feng-Shui zu. Die Vorstellung, daß man genau bis auf eine fen-chin-Unterteilung, also 3°, mit dem Auge messen kann, wenn man versucht, eine fünf Meilen entfernte Bergspitze mit einem Faden und zwei Gewichten anzupeilen, ist lächerlich. Auf dieser Ebene der Präzision kann nur der scharfäugigste Jünger der Kunst mit endgültigen Antworten aufwarten. Dazu kommt, daß die Kompaßnadel nur an die zwei Zentimeter lang ist, und daher die absolut richtige Plazierung des Kompasses sogar unter optimalen Bedingungen nicht garantiert werden kann.

Dementsprechend würde jede vereinfachte Version des Feng-Shui-Kompasses die 120 fen-chin weglassen, und möglicherweise auch die Sechzig Zeichen. Wenn jedoch letztere fehlen, ist es schwierig festzustellen, ob eine spezifische ch'i-Ader im Begriff des Zunehmens oder Abnehmens ist. Wenn daher eine Vermessung vorgenommen wird und Ergebnisse einem der Sechzig Zeichen zugeschrieben werden, kann der Zustand des ch'i an der Stelle festgestellt werden und die sechstägige Zeitspanne, die für den Ort paßt, in Erfahrung gebracht werden. Wenn beschlossen wird, den Einfluß der untersuchten Stelle in Verbindung mit einem potentiellen hsüeh dort zu bringen, wird die geplante Bestattung oder der dortige Bau nicht vor dem Eintreten dieser sechs Tage vorgenommen. Auf diesem Wege kann eine gewisse ch'i-Ader vor allen anderen des Gebietes angezapft werden, und diese Ader wird von dann an den hsüeh kontinuierlich versorgen.

Die 120 fen-chien faßten die 24 Punkte des Kompasses, 40 leere Stellen, 48 der Sechzig Zeichen und 8 der Stämme in einer Serie zusammen. Diese Serie enthält sämtliche ausdrücklich weissagenden Aspekte der Äste, Stämme und Kompaßpunkte.

Letzlich ist die Kategorie, die bei den meisten Kompassen auf dem äußersten Ring aufgefunden wird, die von 28 ungleichmäßig verteilten Sternbildern, die, da sie den nächtlichen Himmel widerspiegeln, nicht mathematisch glatt in andere kosmologische Kategorien hineinpassen.

28 Die Achtundzwanzig Hsiu

Hsiu heißt wörtlich 'großes, vornehmes Haus' und wurde bei den 28 ungleich großen minderen Sternbildern angewendet, durch die der Himmel geteilt wird, weil die Sonne, der Mond und die fünf Planeten durch sie hindurch zogen, in jedem eine gewisse Zeit 'residierten'.

Die ungefähren Positionen dieser kleineren Sternbilder sowie Sterne, die sie beinhalten, sind in Tabelle 10 angegeben.

Tab. 10   Die 28 hsiu

1	Chio	Horn
2	K'ang	Hals
3	Ti	Wurzel
4	Fang	Raum
5	Hsin	Herz
6	Wei	Schwanz
7	Chi	Getreidekorb

8	Nan tou oder T'ai tou	Südlicher Wagen oder Großer Wagen
9	Niu oder Ch'ien niu	Ochse oder Kuhhirte
10	Nü oder Hsü nû	Mädchen oder Dienstmädchen
11	Hsü	Leerheit
12	Wei	Dachgiebel
13	Shih oder Ying shih	Haus oder Lager
14	Pi oder Tung pi	Mauer oder Ostmauer
15	K'uei	Beine
16	Lou	Verbindung
17	Wei	Magen
18	Mao	(Darstellung einer Gruppe von Sternen) die Pleiaden
19	Pi	Netz
20	Tsui oder Tsui chui	Schildkröte
21	Shen	(Darstellung einer Gruppe von drei Sternen)
22	Ching oder Tung ching	Brunnen oder Ostbrunnen
23	Kuei oder Yu kuei	Geist oder Geistervehikel
24	Liu	Weidenbaum
25	Hsing oder Chi hsing	Sterne oder Sieben Sterne
26	Chang	Ausgebreitetes Netz
27	I	Flügel
28	Chen	Plattform des Streitwagens

Die Identifizierung der hsiu fand erstmals um 2.400 v. Chr. statt, und traditionell bildeten sie einen groben Gürtel um den Äquator. Im Laufe der Zeit sind sie um einiges von ihren ehemaligen Positionen abgerückt, aber die Bereiche des Himmels, wo sie früher waren, werden noch immer hsiu genannt. Also ist der Himmel in 28 ungleich große Segmente unterteilt, und auf dem Kompaß sind sie in der selben Ordnung aufgereiht, wobei die Mitte des Kompasses als Nordpol dient. Die hsiu sind ähnlich den 28 Häusern des Mondes der westlichen Astrologie.

Einige der Tiere, die mit den hsiu verbunden waren, wurden von den Zwölf Irdischen Ästen als ihre jeweiligen Symbole übernommen. Diese Symbole stimmen manchmal mit den initiativen Auslegungen der Form-Schule des Feng-Shui überein, wo man einen Hügel sehen kann, der wie eine Schildkröte geformt ist, und ihn daher dem Teil des Kompasses zuschreibt, der das Sternbild Tsui enthält. Tabelle 10 enthält eine vollständige Auflistung dieser Sternbilder und ihrer primären Symbole.

Das Zuschreiben der Äste zu den hsiu wird durch die Schwierigkeit kompliziert, 28 ungleiche Kategorien des einen auf zwölf gleiche Kategorien des anderen zu fügen. Als Konsequenz ist jeder Ast, und sogar jedes der Sechzig Zeichen, über eine ungleiche Anzahl von Graden von einem oder mehreren hsiu verteilt. Eine überaus unbequeme Passung!

Obwohl Eitel die hsiu als Zeichen des Tierkreises bezeichnet, ist die Ähnlichkeit nicht so groß, denn obwohl sie gewisse 'Tiersterne' darstellen, gibt es keine offensichtliche Gruppierung, die von den hsiu so angezeigt wäre wie von den Tierkreiszeichen. Auch scheinen die den hsiu zugeschriebenen Tiere nicht besonderen Sternanordnungen zu entsprechen.

Zusätzlich werden die hsiu entlang dem Äquator gemessen, und nicht entlang der Ekliptik, wie der Tierkreis. Wie dieser jedoch beziehen sich die hsiu auf Sterne, die durch die lange Folge von Äquinoktien von ihren ursprünglichen Standorten abgewandert sind, während hsiu oder die Bezeichnung des Zeichens weiterhin dem ausgänglichen Teil des Himmels anhaftet. Zumindest haben sie dies gemeinsam.

Die hsiu und die anderen kosmologischen Kategorien, die in diesem Kapitel besprochen wurden, sind sozusagen die Bausteine des Feng-Shui-Kompasses. Sie zu verstehen bedeutet, den Kompaß als reichhaltigen Indikator für die Richtung und Qualität des ch'i-Flusses zu verstehen, der an einer gegebenen Stelle hinein und herausfließt und sie beeinflußt. Durch die Anwendung der zeitlichen Hinweise können die richtigen Zeiten festgestellt werden, um die ch'i-Flüsse so zu beeinflussen, daß sie dem Energiegleichgewicht eines Standortes, sei es ein Haus, eine Stadt oder ein Zimmer, am dienlichsten sind.

5 Der Drehpunkt der vier Quadranten: Die Kompaß-Schule

Biologische Forschungen aus den späten 70er Jahren dieses Jahrhunderts haben gezeigt, daß gewisse Bakterien auf der nördlichen Halbkugel nach Süden schwimmen, entlang den Linien der Magnetfelder, die die Erde umgeben. Ihre natürlichen Sensoren, die auf diese Linien reagieren, bestehen tatsächlich aus einer Art von Magnetit. Sie sind daher fast 'organische Magneten'. Obwohl dies als Neuentdeckung gefeiert wurde, wußten die Chinesen davon bereits im 1. Jahrhundert unserer Zeitrechnung. Wang Chung sagte im 'Lun Heng' (Kap. 52, S. 4a): "So bewegen sich auch gewisse Maden, die aus Fisch und Fleisch kommen, zum Norden hin, wenn man sie auf den Boden tut. Das ist die Natur dieser Maden. Wenn tatsächlich die 'Anzeiger-Pflanze' sich bewegte oder in eine Richtung zeigte, dann war das auch ihre Natur, die ihr der Himmel gab." (Übersetzung: Needham, 1962, Bd. 4, Teil 1, S. 262).

Mit Sicherheit wußten die Chinesen von der magnetischen Wirkung der Erdschwerkraft auf Tiere und schrieben sie vielleicht der Bewegung des ch'i durch die Erde zu. Es war daher eine logische Schlußfolgerung anzunehmen, daß dasselbe Magnetfeld den Menschen beeinflußte. Weitere biologische Forschung, die zur Zeit andauert, scheint diese Theorie immer mehr zu bestätigen, denn bei immer mehr Tieren wird eine natürliche Sensibilität gegenüber dem Magnetfeld entdeckt. Die früheste formelle Anerkennung der Wirkung von Erdmagnetismus auf organisches Leben befindet sich in den Schriften der Fukien-Schule des Feng-Shui.

Die Fukien-Schule, oft auch 'Haus- und Wohnstätten-Methode' oder auch 'Methode des Menschen' genannt, nennt als ihren Patriarchen Wang Chih (oder Wang Kih, Chao-King oder Khung-chang, was alles Variationen seines Namens sind) und konzentriert sich primär auf die Anwendung des Feng-Shui-Kompasses.

Die Anwendung des Kompasses im Feng-Shui ist wahrscheinlich älter als sein Gebrauch für maritime Zwecke und hatte in jedem Fall wenig mit dieser Parallelentwicklung zu tun, und für den feng-shui hsien-sheng war der Kompaß immer ein Instrument des Landes, nicht des Wassers. Die Anwendung des

Kompasses durch chinesische Seeleute (ca. 10. Jh. n. Chr.) wurde wahrscheinlich lange durch dessen Rolle im Feng-Shui verzögert (ab ca. dem 7. Jh. n. Chr.) und dadurch, daß die chinesische Binnenschiffahrt durch das gesamte Mittelalter hindurch wesentlich bedeutender war als die Seeschiffahrt. Es wurde oft gesagt, daß die Nadel des Feng-Shui-Kompasses am besten für die Feststellung der ch'i-Flüsse in der Erde geeignet sei, weil sie ihre Magnetisierung durch direkten Kontakt mit dem ch'i der Erde in Form eines Magneteisensteins erhielt und daher das ch'i durch Wirkung einer Art sympathischer Magie aufspüren kann. Um 300 n. Chr. sagte der Feng-Shui-Meister Kuo P'o: 'Der Magneteisenstein zieht Eisen an (wörtlich: "atmet ... ein"), und Bernstein sammelt Senfsamen. Das ch'i (dieser Dinge) hat eine unsichtbare Durchdringungskraft, die schnell einen mysteriösen Kontakt bewirkt, im Einklang mit den Wechselwirkungen von (natürlichen) Dingen.' (Übersetzung: Needham, 1962, Bd. 4, Teil 1:233). Ein Magneteisenstein oder eine Nadel läßt sich natürlich durch örtliche Eisenerzvorkommen vom magnetischen Norden ablenken und spiegelt dadurch wirksam die Variationen der lokalen Geologie wider, anstatt immer in dieselbe Richtung orientiert zu sein.

Die Chinesen betrachteten den Kompaß übrigens immer als nach Süden zeigend, aus Achtung vor ihrer Einstufung des Südens als primären Kardinalpunkt. Betrachtet man im Vergleich zum europäischen Kompaß lediglich die Kardinalpunkte, so entstehen keine Schwierigkeiten, wenn man die Nord-Süd-Vertauschung in China vor Augen behält.

Wenn wir jedoch die interkardinalen Punkte untersuchen, entdecken wir, daß die Chinesen diese mit einem anderen arithmetischen Faktor dividieren, je nachdem, was für ein Naturphänomen untersucht wird. Das bedeutet, daß die westliche Unterteilung des Kompasses durch aufeinander folgende Halbierungen völlig unbefriedigend ist. Die europäische Handhabung ergibt eine Unterteilung wie folgt:

N, S, O, W mit Intervallen von $90°$
N, NO, O mit Intervallen von $45°$
N, NNO, NO, ONO, O mit Intervallen von $22,5°$
N, N zu O, NNO, NO zu N, NO, NO zu O, ONO, O zu N, O mit Intervallen von $11,25°$.

Wo nun, zum Beispiel, der Feng-Shui Praktizierende den Kompaß nach den Zwölf Irdischen Ästen unterteilt, also in Intervalle von je $30°$, ist es unmöglich anzuzeigen, welche Punkte gemeint sind, wenn die europäischen Bezeichnungen verwendet werden. Zusätzlich sind europäische Kompaßpunkte genau das, aber der chinesische Kompaßpunkt bezieht sich auf einen Abschnitt des Kreises, nicht auf einen genauen Punkt am äußersten Rand.

Der Feng-Shui-Kompaß ist nicht nur durch zwölf geteilt, sondern enthält eine Anzahl unterschiedlicher Ringe, die nach den Klassifizierungen unterteilt sind, die in Kapitel 4 beschrieben wurden, mit Aufteilungen von 8, 24, 60 und so weiter, alle gleichermaßen ungeeignet, um im Sinne der europäischen Kompaßpunkte beschrieben zu werden. Der Kompaß ist somit nicht nur ein Hilfsmittel bei Feng-Shui, sondern fast schon ein 'Taschenführer' für chinesische Philosophie, Astronomie, Astrologie und Kosmologie, denn seine vielen

Ringe (bis zu 38) enthalten vollständige Zusammenfassungen sämtlicher Kategorien und Untergruppierungen dieser Themen.

Der Lo'pan

Der Kompaß selbst wird lo p'an (oder luopan) und manchmal chen p'an genannt. Lo bedeutet das Spiralgehäuse einer Meeresschnecke, eine helixartige Form oder Spirale. Grob auf die konzentrischen Ringe der Kompaßplatte bezogen deutet dies an, daß sie von der Mitte, dem Himmelsbecken, nach außen strahlen. Manchmal wird dies auch ti lo oder 'Erdspirale' genannt, und im Amoy-Dialekt hieß es lo ching (oder lo king), was De Groot mit 'Netzgewebe' übersetzt, da die konzentrischen Kreise mit ihren Unterteilungen an ein Netz erinnern.

Physikalisch ist der Kompaß eine runde Holzscheibe mit einem durchschnittlichen Durchmesser von 15 bis 18 cm und einer konvex gewölbten Unterseite. Er ist meistens in ein quadratisches Brett gesetzt, das beim Ausrichten dienlich ist und die Erde symbolisiert. Die Oberfläche ist in konzentrische Kreise unterteilt, die ts'eng ('Stockwerke' oder 'Schichten') genannt werden, und ist plan, mit Ausnahme einer kleinen Vertiefung in der Mitte. Diese, das 'Himmelsbecken', enthält die magnetisierte Nadel, meistens keine 2,5 cm lang, deren rote Spitze nach Süden zeigt, während das andere Ende den magnetischen Norden sucht. Oft ist sie von einem Glasdeckel geschützt. Eine Linie am Boden des Nadelgehäuses bringt den Kompaß, wenn sie mit der Nadel in Einklang gebracht wird, in eine nord-südliche Orientierung.

Die Oberfläche des Kompasses ist oft gelb bemalt oder lackiert, mit schwarzen oder roten Schriftzeichen, die Unterseite ist schwarz lackiert, und das Ganze ist durch Klarlack geschützt. Solche Kompasse sind noch immer in Hong Kong, Singapur und in China selbst zu haben, aber sie sind sehr teuer und schwierig aufzutreiben. Die Anzahl der Ringe variiert mit seiner Größe und seinem Preis. Die Unterseite ist oft in Quadrate aufgeteilt und ist manchmal mit Anweisungen bezüglich der diversen Ringe und weiteren für den Praktizierenden nützlichen Anmerkungen versehen.

Obwohl es viele Variationen gibt, ist eine grundsätzliche Machart üblich, wobei die Anzahl der Ringe von 8 bis 38 reichen kann. Das umfassendste Werk über den Kompaß, das 'Lo Ching Chieh' von Wu Wang Kang, erklärt den Inhalt jeden Ringes, beginnend von der Mitte. Die diversen Ringe beinhalten nicht nur gleichbleibende Sätze von Symbolen, sondern auch weitere kosmologische Systeme. Einige Ringe basieren auf einer Unterteilung von 365,25 Tagen, andere auf 360°, andere wiederum auf den 28 hsiu oder den 72 Drachen. Jede nummerische Unterteilung ist verfügbar, so daß der Praktizierende die jeweilige geomantische Situation nach allen genannten Kriterien beurteilen kann.

Die acht Trigramme stellen die Kardinalpunkte dar, sowie die 'Eckpunkte' dazwischen. Diese sind weiter in die 24 Richtungspunkte unterteilt, die auch auf dem chinesischen Seefahrerkompaß Anwendung finden. Ferner ist der Kompaß in 60 Punkte unterteilt, dann 120, und letztlich 360, die Anzahl von Graden eines vollen Kreises.

Andere Zyklen werden auch herangezogen, wie oben erwähnt, aber die Hauptunterteilungen lassen sich alle als Multiplikatoren von 12 ausdrücken, wozu noch die acht Trigramme kommen:

Trigramme	8	
Himmlische Stämme	10	= 2 x 5 (die Elemente)
Irdische Äste	12	= 12 x 1
Richtungspunkte	24	= 12 x 2
60 Zeichen	60	= 12 x 5
Drachen	72	= 12 x 6
Fen-chin	120	= 12 x 10
Grade des Kreises	360	= 12 x 30
Tage des Jahres	365,25	= mitangedeutet in 360

Der Kompaß hat also die Zahl 12 als Grundlage, die zwölf Irdischen Äste, die zwölf Monate des Jahres, sowie die zwölf Doppelstunden des Tages. Die fünf Elemente und zehn Stämme sind im gesamten Zyklus in die Äste eingeflochten.

Die Struktur des Kompasses

Über die Entstehungsgeschichte des Kompasses gibt es Theorien, die noch nicht eindeutig bewiesen sind. Auf dem uralten Weissagungsbrett, 'shih', das vielleicht die Vorstufe des Kompasses darstellt, waren die acht Trigramme (pa kua) wichtige Facetten, wie auch die 24 azimutalen Richtungspunkte und die 28 hsiu. Wenn wir diese drei Kategorien nehmen und von der Mitte des Kompasses nach außen arbeiten, stellen wir fest, daß fast jeder Kompaß die acht Trigramme des 'I Ching' als innersten Ring hat. Wenn man den Wuchs von Baumringen im Auge behält, dann ist dies wahrscheinlich die älteste Schicht. Die acht Trigramme erscheinen häufig alleine in vielen achteckigen und runden Darstellungen, und das seit frühesten Zeiten.

Die Platten

Wenn man den idealen Kompaß des Wu Wang Kang oder den, der im nächsten Kapitel als Beispiel abgebildet ist, genau untersucht, entdeckt man, daß der nächste Satz von Symbolen, die 24 azimutalen Richtungspunkte, in mindestens drei Ringen wiederholt werden. Diese Ringe sind jedoch 'gestuft'. Das innerste Vorkommen (der 4. Ring in unserem Beispiel) hat seinen Süden an der korrekten astronomischen Stelle, während das nächste Vorkommen (hier der 7. Ring) 7,5° westlich von Nord orientiert ist, und der Ring des dritten Vorkommens (der 9. Ring) 7,5° östlich von Nord und dem ersten Vorkommen orientiert ist.

Es ist nicht auf Anhieb offensichtlich, warum es drei identische Ringe geben muß, jeder mit einer Differenz von 7,5° zum nächsten, aber da jeder dieser wichtigen Ringe eine Gruppe von konsistenten verwandten Ringen um sich hat, ist es Usus geworden, diese Ringgruppen als 'Platten' zu bezeichnen. Alle außer den frühesten und einfachsten Kompassen beinhalten diese drei Platten.

Die hsiu und Tag/Grad-Ringe

Nach den acht Trigrammen und den drei Platten kommen die unregelmäßig unterteilten Ringe mit den fünf Elementen (Ring 13) und den 28 hsiu oder Sternbildern (Ring 16). Der letztere ist oft der äußerste Ring und von unterschiedlicher Tiefe.

Dahinter aufgeführt sind oft einige verwandte Ringe mit einer vollständigen Unterteilung in alle 360° des Kreises (Einfluß der Jesuiten), oder der 365 Tage des Jahres (bei älteren Kompassen). Bei den komplexeren Kompassen, wie dem des Wu Wang Kang, erscheinen diese Ringe manchmal an anderen Stellen, aber meistens nehmen sie die äußerste Position ein. Der Ring der 360 markiert die genauen Winkellängen von jedem hsiu. Der Ring der 365 Unterteilungen beinhaltet Markierungen für Glück und sein Gegenteil, was eine Einschätzung der Feng-Shui-Qualität von jedem Richtungswinkel in Bezug auf jeden Tag des Jahres zuläßt.

Klassifikation der Ringe

Auf dem Kompaß, der später in diesem Kapitel vorgebracht wird und 16 Ringe enthält, teilen sich die Platten wie in der folgenden Tabelle (11) gezeigt auf:

Tab. 11 Die Bestimmung von Ringen zu Platten

Konventionelle Aufteilung in Ringe	16 Ringe
Acht Trigramme	1 – 3
Erdgruppe oder -platte	4 – 6
Menschenplatte oder Innerlicher Himmel-Platte	7 – 8
(Äußere) Himmelsplatte	9 – 12
Ungleiche Unterteilungen	13
Tabelle von Tagen und Graden	14 – 15
Hsiu	16

Bei dem Kompaß, der von Wu Wang Kang in seinem 'Lo Ching Chieh' beschrieben wird, ist das System der Platten durch Vielfältigkeit und Häufung von Kategorien überdeckt. Aus diesem Grund ist es der weitaus einfachere 16-Ring-Kompaß, der von De Groot illustriert wurde (1897, Bd. 3, S. 952), der später in diesem Kapitel analysiert wird.

Die Evolution der Platten

Laut Tradition wurden die 24 azimutalen Kompaßrichtungen in ihrer heutigen Form spätestens zur Zeit des Ch'iu Yen-Hans etabliert, eines Geomanten, der 713–41 n. Chr. bekannt war. Sie waren der astronomischen Nord-Süd-Achse angepaßt und bildeten die Erdplatte, die innerste des Kompasses, deren Indikator das Cheng Chen, die 'korrekte Nadel' war.

Es ist wahrscheinlich, daß sich die zentralen Ringe auf die acht Trigramme (pa kua) und den ersten Satz der 24 Richtungspunkte bezogen und so den Kern und die Gesamtheit früher Kompasse bildeten. Tatsächlich hat der maritime Kompaß Chinas, der von dem Feng-Shui-Kompaß abstammt, bis heute diese einfache Form.

Ungefähr 880 n. Chr. fügte der große Patriarch Yang Yün-Sung die Äußere Himmelsplatte, oder Feng Chên, hinzu. Feng Chên bedeutet wörtlich

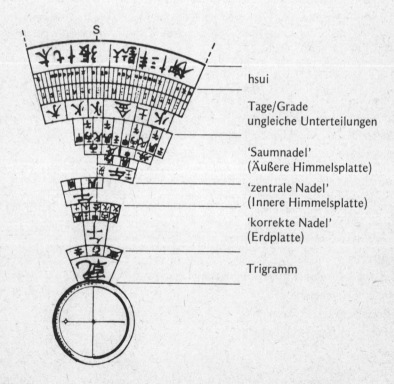

Abb. 11 Die relative Beziehung des Südpunktes zu den drei Platten

'Saumnadel', und diese Platte weicht von Nord um 7,5° nach Ost ab (oder, auf Chinesisch: 7,5° westlich von Süden).

Ein Hinweis auf die Bezeichnung 'Saumnadel' wird in einer Diskussion über Stahlnadeln in T'ao Kus 'Ch'ing I Lu' (Kap. 2, S. 23a) aus dem 10. Jahrhundert gefunden, in dem er sagt: 'Näherinnen oder Mediziner erzählen dir von den Vor- oder Nachteilen von verschiedenen Arten von Nadeln in genauso vielen Einzelheiten wie konfuzianische Scholastiker, wenn sie über Schreibpinsel sprechen.' Vielleicht benannte Yang Yün-Sung sein neues Schema 'Saumnadel', um seinen Zeitgenossen dessen Güte zu verdeutlichen.

Im 12. Jahrhundert ersann ein weiterer Meister des Feng-Shui die dritte Platte, die er Chung Chen oder 'zentrale Nadel' nannte, und die nunmehr 7,5° westlich von Nord und der 'korrekten Nadel' orientiert war. Es scheint, als wurde diese dritte Zutat 'zentrale Nadel' genannt, weil sie dem Kompaß zwischen der 'korrekten Nadel' und der 'Saumnadel' aufgesetzt wurde. Wenn wir einen Schnitt durch den Kompaß machen, haben wir Abb. 11. Diese angeschnittene Darstellung zeigt die relativen Positionen eines der 24 Richtungspunkte über jeder der drei Platten. In diesem Beispiel wurde wu, der südliche Punkt, vorgenommen, um die divergierenden Winkel der Platten zu illustrieren. Interessant ist, daß die 'zentrale Nadel' im Sinne von angehörigen Ringen relativ unbedeutend ist.

Tatsächlich hat der Kompaß natürlich nur eine echte Nadel, aber sie wird 'korrekt', 'Saum-' oder 'zentral' benannt, je nachdem, welcher Ring gerade gelesen wird. Tabelle 12 faßt das bisherige Wachstum des Kompasses nach außen zusammen.

Tab. 12 Entwicklung der Ringe des Kompasses

Konventionelle Unterteilungen der Ringe	Nadel und Bedeutung	Deklination	Eingesetzt von	Zeit
Trigramme				frühgesch.
Erdplatte	Chêng Chen – 'korrekte Nadel'	nord-süd astronomisch	vor Ch'iu Yan-Han	vor dem 8. Jh.
Menschenplatte (Innere Himmelsplatte)	Chung Chen – 'zentrale Nadel	7,5° W v. N	Lai Wên-Chün	12. Jh.
(Äußere) Himmelsplatte	Fêng Chen – 'Saumnadel'	7,5° O v. N	Yang Yün-Sung	9. Jh.
Ungleiche Unterteilungen Tabelle der 365 Tage oder 360°			Einfluß der Jesuiten	16. Jh.
Hsiu				frühgesch.

Begründung für die drei Platten

De Groot (1897, Bd. 3, S. 967) spekuliert, daß die weiteren Platten dazugenommen wurden, um die 'Genauigkeit der Vermessung zu verbessern'. Diese Behauptung wird entkräftet, indem man einfach einen Winkelmesser an einen Kompaß setzt und damit feststellt, daß der Sektor, der von der 'korrekten Nadel' erfaßt wird, also $360°/24 = 15°$, durch das Hinzukommen der beiden weiteren Platten auf $30°$ erweitert wird. Needham (1962, Bd. 4, S. 299) vertritt die Meinung, daß jede der Platten hinzukam, um die Veränderungen der Deklinationen im Laufe der Zeit aufzufangen, und nennt Zahlen, um dies möglichst zu beweisen. Jedoch sind seine Zahlenangaben (ibd., S. 310) von unterschiedlicher Verläßlichkeit und entstammen Gebieten in ganz China, wo Variationen der Deklinationen sowieso zu erwarten wären, auch wenn alle Vermessungen aus demselben Jahr stammen würden.

Ich halte es für unwahrscheinlich, daß angesichts der weit über Zeit und Raum verbreiteten Schwankungen der Deklinationen, von örtlichen Gesteinsvorkommen mit breitgefächerten magnetischen Auswirkungen ganz zu schweigen, zwei Gelehrte zufällig den Einfall gehabt haben sollen, neue Platten zu schaffen, die genau um $7,5°$ von der ursprünglichen Anordnung abweichen. Dies besonders, da zu der Zeit, als Yan Yün-Sung die 'Saumnadel'-Variante von $7,5°$ O von N vorschlug, die tatsächlich beobachtete Deklination bereits das Doppelte ausmachte. Zusätzlich wurde die Theorie der fluktuierenden Deklinationen über lange Zeitstrecken hinweg erst während der Ming-Dynastie bewußt formuliert, mehr als 800 Jahre nach der Zeit Yang Yün-Sungs.

Jedoch wirft ein Passus aus T'ien Hungs 'Lo Ching Chih Nan P'o Wu Chi' (Ein Zeiger nach Süden um den Nebel um den Kompaß zu vertreiben) aus dem 16. Jahrhundert unerwartet Licht auf das Problem:

> Meister Ch'iu (Yen-Han) erhielt (sein Wissen über Chêng Chen von) Thai I Lao Jen.... (aber) es gibt auch ein 'Himmelsmaß' (t'ien chi) und eine 'Erd-Geschichte' (ti chi). Die Fên-chin Unterteilungen sind in drei (Ringen) angeordnet, so daß — obwohl man für die Erde Chêng Chen (die 'korrekte Nadel') anwendet, wie jeder weiß — im Norden die Nadel nach NO abweicht, und im Süden nach SW. Daher fügte Meister Yang (Yün-Sung) Fêng Chen (die 'Saumnadel') hinzu. Aber bei dem 'Himmelsmaß' wich die Nadel im Norden nach NW ab, und im Süden nach SO. Daher fügte Meister Lai (Wên-Chün) Chung Chen (die 'zentrale Nadel') hinzu.

Wu T'ien-Hung bestätigt nicht nur die Autorenschaft der beiden späteren Platten, sondern stellt deutlich dar, daß ihre Schaffung funktionelle Gründe hatte, und nicht eine Reaktion auf veränderte Deklinationen war. Es ist kein Zufall, daß beide Platten um genau $7,5°$ von der ursprünglichen und auch weiterhin anerkannten 'korrekten Nadel' abwichen, denn $7,5°$ sind genau die Hälfte eines der 24 azimutalen Richtungspunkte, die die Basis des Ringsystems bilden. Wu t'ien-Hung sagt: '...obwohl man für die Erde Chêng Chen anwendet, wie jeder weiß' und besagt damit, daß der Innere Ring allgemein angewendet wurde, um Richtungen der Erde festzustellen, während die anderen Ringe weitaus spezialisiertere sowie esoterische Anwendung fanden. Es handelt sich hier um einen funktionellen, nicht um einen historischen Unterschied. Die Platten reflektieren das chinesische Bestehen darauf, daß die drei Ebenen Erde, Mensch und Himmel in Wechselbeziehungen zueinander stehen, wo die Hauptunterteilungen jeden Ringes im nächsten gespiegelt sind. Die Wirkung, die jeder auf den anderen hat, stellt die grundsätzliche Rationale des Feng-Shui dar, das erhofft, Paralellen ausfindig zu machen und erreichen soll, daß der Mensch Änderungen bei Himmel und Erde und bei deren Einwirkung auf ihn selbst bewirken kann.

Die 24 azimutalen Richtungspunkte

Der Schlüssel zu jeder Platte ist in den 24 azimutalen Richtungspunkten zu finden, die ihre Basis bilden. Diese sind kein in sich konsistenter Satz von Symbolen, sondern bilden sich aus drei anderen Symbolgruppen heraus, die abwechselnd verwendet werden:

4 der 8 Trigramme, die als Interkardinale Punkte verwendet werden
8 der 10 Himmlischen Stämme   (die beiden Erdstämme sind ausgelassen)
12 Irdische Äste

Sie sind gleichmäßig auf den Kompaß verteilt, wie in Tabelle 13 gezeigt wird. Sie zeigt auch, daß die 24 Richtungen den Kreis in Segmente von 15° unterteilen. Der Zwölferzyklus der chih-Zeichen, der Irdischen Äste, ist voll vertreten, aber der Zehnerzyklus der kan-Zeichen, der Himmlischen Stämme, verliert wu und chi, Symbole der Erde. Diese Auslassung läßt vier Stellen leer, die wiederum von den vier wichtigsten kua oder Trigrammen gefüllt werden.

Dies wird deutlich in Yang Yün-Sungs 'Ch'ing Nang Ao Chih' ('Mysteriöse Prinzipien des Blauen Beutels [des Universums]') beschrieben. Die Auslassungen mögen einen praktischen Grund gehabt haben, da wu und chi sehr leicht mit hsü und ssu zu verwechseln sind, aber es ist wahrscheinlicher, daß diese Symbole als ungeeignet für peripherale azimutale Positionen angesehen wurden, da sie das Element Erde darstellen, und so an die Kompaßmitte geknüpft sind.

Diese fundamentalen 24 Punkte wären als Basis für einen Ein-Platten-Kompaß sowie sämtliche darauffolgende Marinekompasse ausreichend gewesen. Tatsächlich reduzierten chinesische Navigatoren den Kompaß, den sie von Feng-Shui erbten, auf seine einfachste Form, und gebrauchten nur die 24 Punkte, die den Kompaß in 15°-Segmente aufteilten.

Die Schriftzeichen auf dem Kompaß sind nicht diejenigen, die in China zum Richtunganzeigen üblich sind. Ihre Ursprünge sind größtenteils in den Nebeln der Antike verloren gegangen, aber viele von ihnen gehen 4.000 Jahre zurück, wo sie bereits auf frühen Orakelknochen erschienen. Die Zwölf Irdischen Äste sind auch mit Symboltieren verbunden, die den chinesischen Tierkreis bilden. Jedes von ihnen soll einen astrologischen Einfluß auf eine besondere Doppelstunde des Tages ausüben, sowie auf eines von zwölf Jahren.

Tab. 13 Die 24 azimutalen Kompaßrichtungen

Richtung		Irdische Äste (Chih) 支	Interkardinale Trigramme (Kua) 卦	Himmlische Stämme (Kan) 干
N		子 tzu		
	N 15° O			癸 kuei
	N 30° O	丑 ch'ou		
NO			艮 ken	
	N 60° O	寅 yin		
	N 75° O			甲 chia
O		卯 mao		
	S 75° O			乙 i
	S 60° O	辰 ch'en		
SO			巽 sun	
	S 30° O	巳 ssu		
	S 15° O			丙 ping
S		午 wu		
	S 15° W			丁 ting
	S 30° W	未 wei		
SW			坤 k'un	
	S 60° W	申 shen		
	S 75° W			庚 keng
W		酉 yu		
	N 75° W			辛 hsin
	N 60° W	戌 hsüü		
NW			乾 ch'ien	
	N 30° W	亥 hai		
	N 15° W			壬 jen

Eine frühe Schrift erklärt, warum verschiedene Sätze von Zeichen verwendet werden um die 24 Kompaßpunkte zu gestalten, 'indem die Zehn Himmlischen Stämme (t'ien kan) für die Richtungen (Fang so), und die Zwölf Irdischen Äste (ti chih) für das ch'i der Richtungen (fang ch'i)' eingesetzt wurden. Dies erklärt auch, warum die 24 Punkte in primär und sekundär unterteilt sind. Die Mitte des nachfolgenden Diagramms stellt den Unterschied deutlich heraus (Abb. 12a). Diese beiden Ringe werden in einem Ring zusammengefaßt, der alle 24 Punkte enthält und nach der 'korrekten Nadel' (astronomische Nord-Süd-Linie) ausgerichtet ist (Abb. 12b).

Das 'Hai Chio Ching' erklärt: 'heutzutage nehmen Feng-Shui-Praktizierende das Cheng Chen (die 'korrekte Nadel') und die zehn zyklischen Azimutpunkte der Himmelsplatte, um herauszufinden, wo sich der Drachen (ko lung)

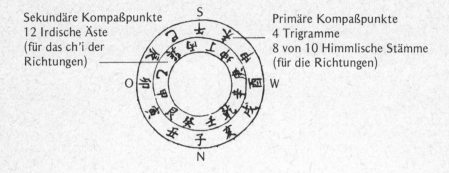

Abb. 12a Die primären und sekundären Kompaßpunkte

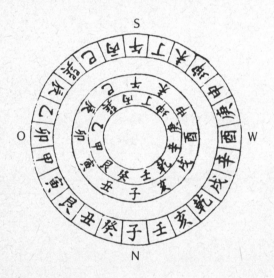

Abb. 12b Die vollständige 'korrekte Nadel'

befindet'. So wurde die 'korrekte Nadel' angewendet, um den Drachen aufzuspüren, wobei die Stämme und Trigramme die Richtung anzeigten, während die Äste deren ch'i angaben.

Nach der Etablierung der beiden Aspekte der grundlegenden 24 Punkte der 'korrekten Nadel', wo jeder zweite Punkt Richtung angibt und jeder andere auf einen potentiellen Drachen hinweist, ist es offensichtlich, daß der Kompaß einen zweiten Ring von Punkten benötigt, die eine halbe Unterteilung nach rechts oder links verlagert sind, um rundum potentielle ch'i-Flüsse anzuzeigen. Keine natürliche Landschaft wird so geformt sein, daß potentielles ch'i nur an jedem zweiten Kompaßpunkt auftritt, also kann mit diesem Zusatz jedes Element der Landschaft auf sein ch'i hin vermessen werden.

Daher ist der zweite Ring für den lo p'an notwendig. Da das 'Hai Chio Ching' wahrscheinlich kurz nach der Einführung der 'Saumnadel' (Fêng Chen) entstand, wird diese in Abb. 12c mit gezeigt. Es ist interessant, daß, dieser Schrift zufolge, Feng-Shui Praktizierende Chêng Chen (die 'korrekte Nadel') benutzen, um den Drachen zu finden, aber Fêng Chen für andere Formen der Weissagung. Die vollständige Illustration dazu ist hier abgebildet (Abb. 12c).

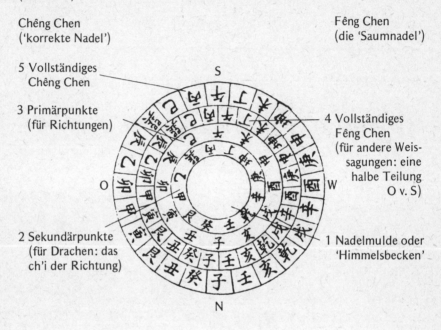

Abb. 12c   Die 'korrekte und die 'Saumnadel'

Die Ringe sind in der traditionellen chinesischen Weise numeriert, wobei die zentrale Nadelmulde als 1 zählt.

Die Basisform des Lo P'an

Diese grundlegende Ringanordnung kann erweitert werden, um einen Standardkompaß zu erstellen, der sehr wohl heute noch in Gebrauch sein könnte. Das Exemplar in Abb. 13 stammt aus dem 19. Jahrhundert und wurde von dem Jesuiten Henry Doré kopiert und in seinem Werk 'Researches into Chinese Superstition' ('Recherchen über chinesischen Aberglauben', 1914-33) veröffentlicht.

Nur wenige Kompasse sind so vereinfacht. Der Durchschnittskompaß hat eher 16-20 Ringe, aber immer noch erheblich weniger als der voll ausgestattete 'Lo-ching Chieh' mit seinen 38 Ringen.

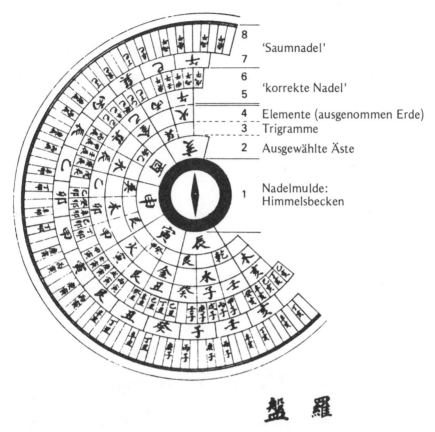

8 'Saumnadel'
7
6 'korrekte Nadel'
5
4 Elemente (ausgenommen Erde)
3 Trigramme
2 Ausgewählte Äste
1 Nadelmulde: Himmelsbecken

Abb. 13 Ein einfacher lo p'an

Man bemerke, daß sogar auf dieser Ebene von Inhalt die 'korrekte Nadel' sowie die 'Saumnadel' ausreichend vertreten sind, und die 'zentrale Nadel' keine Rolle im Aufbau spielt. In der Numerierung der Ringe von 1-8 (wobei 1 die Nadelmulde ist), sehen wir in Ring 2 acht der Irdischen Äste. Ring 3 besteht aus 24 Unterteilungen, von denen jede zweite ein Trigramm enthält, und Ring 4 füllt die Leerräume des vorhergegangenen Ringes mit drei Wiederholungen von vier Elementen, da Erde fehlt. In den Ringen 5 und 6 haben wir die bereits bekannte 'korrekte Nadel' und, im letzteren, eine Verstärkung der zwölf Äste. So ist jeder Ast, oder ch'i-Indikation, nochmal in fünf Teile dividiert und enthält fünf weitere Zeichen. Die Überlegung dahinter wird später in diesem Kapitel untersucht.

In den Ringen 7 und 8 erreichen wir die 'Saumnadel' und auch hier sind dieselben Äste weiter unterteilt, diesmal in vier Arten von ch'i, und in anderer Weise als bei der 'korrekten Nadel'. Dies bedeutet, daß jeder der Zwölf Irdischen Äste (in zwei Ringen wiedergegeben) neun verschiedene Arten von ch'i in einem Bereich von etwas mehr als 30° messen, wobei ein Überlappen von einem Grad oder so an den Extremen stattfindet.

Durch das Hinzufügen der 'Saumnadel' werden die gesamten 12 mal 30°, also 360°, von spezifischen ch'i-Messungen umfaßt. Betrachtet man den tzu oder Nordpunkt näher, so erkennt man, daß jeder gegebene Grad in seinem Sektor ein bis zwei ch'i Messungen enthält, daß aber ohne die 'Saumnadel' dies einigen Segmenten gänzlich fehlen würde. Dies unterstreicht noch einmal die funktionelle Natur der 'Saumnadel', entgegen einer Entstehung aufgrund fluktuierender Deklinationen.

So ist der lo p'an in Abb. 13 ausreichend für die Feststellung von Drachen und ch'i-Flüssen. Auf einem unfangreicheren Kompaß kommt auch die Dritte Platte ins Spiel.

Die 'zentrale Nadel'

Mit Ausnahme der Verschiebung der Winkel um 15° unterscheidet sich die 'zentrale Nadel' nicht von den ersten beiden Ringen der 'Saumnadel'. Es ist offensichtlich, daß die 'zentrale Nadel' ein erheblich späterer Zusatz und

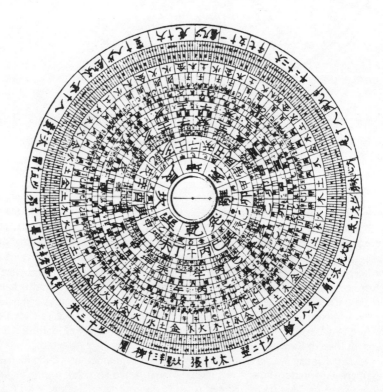

Abb. 14 Analyse der Ringe eines vollen lo p'an

von wesentlich geringerer Wichtigkeit als die beiden anderen Nadeln ist, und wird meistens zwischen sie geschoben.

Auf einem sehr großen lo p'an kann es Unterteilungen der 360° des Kreises der 'zentralen Nadel' geben. Diese ist auf die Jesuiten zurückzuführen, ein klares Indiz für ihren modernen Ursprung. Da es jedoch rein physikalisch äußerst schwierig ist, den Ring aus 360 Feldern weiter zu unterteilen, ist es üblicher, ihn außerhalb des Plattensystems zu rücken und ihn zum äußersten Rand werden zu lassen, zusammen mit den ungleich verteilten hsiu, die ihn brauchen, um anzuzeigen, wieviele Grade jedes hsiu einnimmt. Diese äußeren Ringe sind in Abb. 14 deutlich auszumachen. Es ist ein Kompaß, der von De Groot (1892, Bd. 3, S. 958) untersucht wurde.

6 Das Funktionieren des Kompasses

Die Sonne hat ihre Grade durchschritten, der Mond seine Konjunktionen, die Sterne sind zu ihren Ursprüngen zurückgekehrt, das Jahr wird bald erneut beginnen. (Aus dem 'Li Chi', Buch der Riten)

Der Kompaß wird vom Feng-Shui Praktizierenden gebraucht, um Vermessungen an solchen Punkten der Landschaft durchzuführen, wo diverse Formationen, Drachen oder Flüsse vom Standpunkt des Betrachters aus zu enden oder verschwinden, ein- oder auszutreten scheinen.

Die Nadel wird entweder mit der feinen roten Linie an der Nadelmulde in Einklang gebracht, oder der Kompaß erhält seine Ausrichtung durch die Orientierung der Trigramme in Ring 2 an ihren richtigen Quadranten. So würde, zum Beispiel, das Trigramm Ch'ien im Süden befindlich sein, wenn die Frühere Himmelreihenfolge angewendet wird.

Jedes Gliedmaß des Drachens, jeder Hügel oder Vorsprung, jeder Teich oder Wasserweg sowie von Menschen erbautes Objekt wird vermessen, indem ein roter Faden, an dessen Enden Gewichte hängen, so über den Kompaß gehängt wird, daß er über die Mitte zieht und in einer Linie mit dem zu vermessenden Objekt ist. Die diversen Felder, die der Faden durchquert, sprechen für die Beziehung zwischen dem Standort und dem Objekt, das vermessen wird. Es ist die Wechselwirkung der so gewonnenen Daten, die das Prädikat des Standortes letzlich bestimmt.

Die Richtung der Drachenadern, besonders wo sie in eine größere Masse übergehen, die Lage von Becken, Entwässerungsgräben, Dämmen und Zusammenflüssen, sogar Pfade, Bahntrassen und vorhandene architektonische Linien, müssen berücksichtigt werden, da jedes einen Einfluß auf den Fluß des ch'i durch die Landschaft haben kann. Auf flachem Land können Haine, Felsen und große Bäume den Weg des ch'i durch die Erde markieren, obwohl solche Gegenden nicht die Kraft von Bergen oder schrägen Wänden haben, denn diese besitzen mehr der ursprünglichen Yang-Energie des ch'i. Brunnen und

Quellen, als Augen und Ohren des Drachens, sind besonders wichtige Vorkommnisse.

Die drei Platten des Kompasses zeigen verschiedene Facetten des Standortes. Die äußere, die Himmelsplatte, bestimmt unter anderem Reichtum oder Mangel an ch'i-Fluß. Die Erdplatte wird angewendet, um den Puls des Drachens zu erfassen, und zum Aufspüren von Venen und Arterien von Erd-ch'i. Die ch'i-Indikationen dieser Platte zeigen auch den Zustand des vorhandenen ch'i an.

Die mittlere oder Menschenplatte wird angewendet, um die Einflüsse von Himmel und Erde festzustellen, die auf die an dieser Stelle lebenden einwirken würden.

Wo es 'haltendes ch'i' gibt, ist der Weg offen für das Einströmen von sha. Traditionell besteht der halbe Kompaß aus Richtungen, die für den Eintritt von sha anfällig sind. Dies heißt nicht, daß sha unbedingt an diesen Stellen generiert wird, sondern lediglich, daß eine Schwäche oder Anfälligkeit indiziert ist, der mit einer positiven Landschaftsform in angezeigter Richtung entgegengewirkt werden kann, wie einem Berg mit starken Yang-Eigenschaften.

Es ist offensichtlich, daß bei einer Feng-Shui-Vermessung in einer Stadt oder Vorstadt der Standort von Straßen, Gebäuden und vorhandenen Bäumen beeinflußt wird, und besonders Linien, in irgendeiner Form entstanden, sind zu berücksichtigen.

Hat der avisierte Bauplatz einen Garten, so muß die Orientierung von herausragenden Bäumen und Gehölzen geprüft werden. Gradlinige Einfahrten und die sie flankierenden Baumreihen sollten mit Kurven modifiziert werden, besonders wenn sie direkt zum Hauseingang führen. Sind Tor und Tür sehr dicht oder fast dasselbe, sollte die Anbringung einer Feng-Shui-Tafel überlegt werden, um sha abzuwenden. Jede Richtung, aus der unheilvolle Einflüsse erwartet werden könnten, kann diagnostiziert werden, indem man die Reihenfolge der gegenseitigen Zerstörung der Elemente überprüft (siehe Kap. 4).

Wird der Kompaß in Räumen oder Gebäuden benutzt, um deren Feng-Shui Qualitäten festzustellen, so sollte er in seine quadratische Halterung gesetzt werden. Diese wird dann parallel zu der Wand oder Tür aufgestellt, um die es gerade geht. Zwei rote Fäden werden im rechten Winkel zueinander über die Mitte des Kompasses gebunden, sodaß sich vier gleiche Quadranten ergeben. Da nun die Wand nicht unbedingt an einem Kardinalpunkt liegen wird, werden die beiden Fäden die Orientierung des Gebäudes wiedergeben, während die Kompaßscheibe gedreht wird, bis die nach Süden zeigende Nadel mit dem roten Strich in der Nadelmulde übereinstimmt.

In dieser Weise wird die Halterungsplatte zur Erdplatte, oder einer mikrokosmischen Orientierung des Gebäudes, während sich die Scheibe als Himmel dreht, um mit den Kompaßpunkten übereinzustimmen (wobei der Einfluß örtlicher Variation der Deklinationen möglich ist).

Der Praktizierende stellt nun fest, an welchen Stellen die an der Halterung befestigten Fäden die Scheibe kreuzen, und leitet seine Auslegung von diesen Daten ab. Auf der einfachsten Ebene beachtet er die Stellen am äußersten Rand, wo der Faden die 360° kreuzt, die abwechselnd mit schwarzen Kreuzen oder roten Kreisen markiert sind, die positive oder negative Einflüsse kundgeben. Manche dieser Stellen sind auch von neutraler Aussage, und so läßt sich bereits eine Vorstellung von der Beschaffenheit des Standortes feststellen. Als nächstes wählt er die Erdplatte, die Innere Himmelsplatte oder die Äußere Himmelsplatte, je nachdem, was er bezwecken will, aber bei Gebäuden wird es meistens die erste sein, und stellt die genaue Lage des Gebäudes nach den Kriterien der 24 azimutalen Richtungspunkte, der 60 Drachen und der zutreffenden Trigramme fest, wobei spezielle Vorteile für dieses oder jenes Mitglied der Familie erkennbar werden können.

Eine dritte, komplexere Methode den Kompaß zu gebrauchen, ist, ein besonders prominentes Element der Landschaft auszuwählen, und es mit einem Teil des Kompasses in Einklang zu bringen, der seiner Natur entspricht. Bei dieser Methode stimmt die Kompaßnadel nicht unbedingt mit dem Trigramm ch'ien überein. Der Quadrant, das Trigramm, der Stamm und der Ast, mit dem sie jedoch in Einklang ist, nimmt sofort vorrangige Wichtigkeit in der Bewertung dieser Stelle ein. Es wird angenommen, daß, wenn die prominenteste Landschaftsform mit den passenden Stellen des Kompasses in Einklang ist, die restlichen Orientierungen auch stimmen müssen. Da der Süden der kritischste Punkt in der gesamten Wissenschaft des Feng-Shui ist, werden die Zeichen, die der Kompaß jetzt angibt, für die gesamte Beschaffenheit dieses Ortes sprechen, und konsequenterweise auch über sein Potential als hsüeh oder Drachennest.

Danach werden die anderen Quadranten nacheinander berücksichtigt. Wenn, zum Beispiel, bei 60° W das hervorragendste Landschaftsmerkmal ein Hügel ist, der wie ein Hase geformt ist, dann würde der Punkt mao (Hase) dahin orientiert, und die nach Süden zeigende Nadel wäre auf den Punkt ch'ou gerichtet. Dieses spricht dem Standort die Qualitäten des letzteren, also des Ochsen, zu. Also ein glückbringender Ort für jeden, der in einem Jahr des Ochsen geboren wurde.

Alle Ringe, die ausdrücklich von Drachen sprechen, sind zum Reiten des ch'i und zeigen an, welche Einflüsse in den Standort eintreten, und zu welchen Jahreszeiten.

Nun erreichen wir den Kern der Sache, das Herz der ganzen Operation mit dem Kompaß.

Wenn beschlossen ist, welche der umliegenden landschaftlichen Elemente oder ch'i-Adern am kategorisch wohlbringendsten sind, wird eine Vermessung davon gemacht und das zutreffende 60er Zeichen festgestellt. Davon werden die sechs Tage des Jahres (ein Sechzigstel) errechnet, die zu dem Zeichen am besten passen. Wenn nun die Beisetzung oder der Bau dort innerhalb dieser sechs Tage stattfindet, wird diese Stelle von dann an ewig mit dieser ch'i-Quelle verbunden sein.

Es ist in etwa wie ein Drehkreuz, das sich im Verlauf eines Jahres einmal vollständig dreht, aber nur für sechs Tage aus diesem Jahr zum Eintreten geöffnet ist, und zwar nacheinander für die 60 Richtungen und ihren Einfluß von ch'i. Findet ein Begräbnis zum richtigen Zeitpunkt statt, wenn die Öffnung des 'Drehkreuzes' einer wohlbringenden und reichhaltigen Quelle von ch'i gegenüber steht, wird diese Quelle dem Grab oder Gebäude kontinuierlich das ganze Jahr über dienen, nicht nur während der sechs Tage, und das unter teilweisem Ausschluß von allen anderen Quellen von ch'i oder sha, ob positiv, negativ oder neutral.

Es ist, wie wenn das Ausheben des Grabes, oder, bei einem Haus, das Richten des Dachstuhls, eine spezifische ch'i-Ader öffnet, die von dann an mit der Stelle verbunden ist und sie versorgt. Es ist leicht einzusehen, wie wichtig es ist, den richtigen Zeitpunkt für sich zu sichern, um Zugang zu der besten ch'i-Ader zu gewinnen, die dort zu haben ist.

Sollte weitergehende Genauigkeit verlangt werden, so unterteilt Ring 25 des Kompasses des Wu Wang Kang jedes der 60 Zeichen in sechs Teile, da dies die Linien des entsprechenden Hexagramms sind, und erlaubt die Feststellung des einen günstigen Tages überhaupt.

Wenn es gewünscht wird, die existierenden Feng-Shui-Einflüsse eines Standortes zu verbessern, dann kann diese Methode angewendet werden, um eine neue Ader von wohlbringendem ch'i durch Abändern des ch'i-Flusses während der sechs günstigen Tage zu 'öffnen'.

Neben der Anwendung des Kompasses, um den vorteilhaftesten Zeitpunkt festzustellen, ist es auch erforderlich, die Daten des Horoskops des Grundstücksbesitzers zu berücksichtigen, zusammen mit den Empfehlungen des 'Tung Sing', dem chinesischen Almanach, für den besonderen Monat oder das Jahr. Das Geburtsdatum des Besitzers sollte, zum Beispiel, nicht in Konflikt mit dem Datum stehen, das von dem 60er Zeichen, das die erwünschte ch'i-Ader betrifft, angezeigt wird.

Es ist unabdingbar, daß das 60er Zeichen des Geburtsjahres des Besitzers mit dem des Bauplatzes übereinstimmt, aber wenn die des Monats, des Tages und der Geburtsstunde es nicht tun, ist dies nicht so gefahrenträchtig. Bis zumindest das Geburtsjahr übereinstimmt, sollten ein Neubau oder die Veränderung einer bereits bestehenden Feng-Shui-Konstellation vertagt werden.

Die ausgängliche Komplexität des Kompasses kann vereinfacht werden, wenn ein oder zwei Faktoren zu einer Zeit analysiert werden. Die anscheinende Varianz zwischen den Ringen ist ein Ergebnis des Drei-Platten-Systems und der Tatsache, daß der Kompaß auf seiner Oberfläche praktisch jedes System der numerischen Ordnung von Zeit oder Raum von irgendwelcher Tragweite zu irgendeiner Zeit in China in 'fossiler' Form aufweist. Dementsprechend gibt es Differenzen zwischen älteren Ringen und neueren. Ein gutes Beispiel ist, daß der Ring der 365 Tage nicht genau dasselbe mißt wie der Ring der 360°, der ein Konzept enthält, das in China erst sehr spät von den Jesuiten eingeführt wurde.

Der wichtigste Faktor, den man im Gedächtnis halten sollte, ist der, daß die grundlegenden Ringe Kategorien sind, die Multiplikatoren von 12 darstellen, mit dem Zusatz der Kategorie der fünf Elemente und zehn Stämme, und, im Herzen des Kompasses, den acht Trigrammen.

7 Feng-Shui für den Hausgebrauch

Verachte nicht die Schlange, weil sie keine Hörner hat, denn eines Tages könnte sie ein Drachen werden. (Chinesisches Sprichwort)

Feng-Shui betrifft nicht nur die Landschaft und Städteplanung, sondern auch Individuen. Manchmal kann, zum Beispiel, das Redekorieren eines Raumes eine größere Wirkung auf die Bewohner haben, als man erwartet hätte, und die Umstellung eines Bettes, vielleicht um 90°, kann die Schlafgewohnheiten eines Menschen völlig verändern.

Ähnlich kann ein Feng-Shui Praktizierender bezüglich der Errichtung einer neuen Mauer im Garten beraten, oder bei der Aufstellung einer Plastik oder dem Anbringen einer Tafel um 'geheime Pfeile' abzuwehren. Ein Schüler, der Schwierigkeiten bei seinen Studien hat, könnte gut beraten sein, seinen Schreibtisch in eine andere Ecke zu rücken oder in eine andere Richtung zu drehen, und die Positionierung eines Krankenbettes könnte verändert werden, um die Genesung des Patienten zu begünstigen. Auch ist dies nicht alleine die Anregung eines neuen Ausblicks, sondern vielmehr so grundsätzlich wie die Orientierung einer Pflanze hin zum Licht oder weg davon. Genauso kann ein Patient aufgrund seiner Bettstellung Erholung oder nachlassende Abwehrkräfte erfahren. Mit richtigem Feng-Shui kann er die Vorteile der positiven, heilenden Kräfte der Natur erhalten.

Einer der Klassiker des Feng-Shui ist das 'Yang Chai' ('Das Yang-Buch der Wohnstätten'), das sich insbesondere mit der Standortwahl für Häuser befaßt (nicht Grabstätten, denn Yang-Bauten sind für die Lebenden). Das 'Yang Chai' enthält mehr als 100 Diagramme mit Texten und Kommentaren, welche die diversen Situationen und Kombinationen von architekturellen Elementen darstellen, inklusive Bäume, Wege, Tempel, Gräber, Pfade und Anhebungen. Die allgemeinen Regeln, die verschiedene Situationen betreffen, werden am Anfang des Buches erklärt, während sich der gesamte letztere Teil mit Häusern befaßt, die unauffällig in Beziehung zu Tempeln und Klöstern stehen und solchen, wo die Kinder der Bewohner wenig erfolgreich in der Schule, der Arbeit oder bei Prüfungen sind.

Das 'Yang Chai' empfiehlt auch diverse Talismane, mit Anweisungen zu ihrer Vorbereitung, wie der Art von Tinte und der Größe und Art von Tafel, die verwendet werden sollte, um gewissen außergewöhnlichen Situationen entgegenzutreten, die zu bestimmten Jahreszeiten eintreten könnten. Ein typischer Talisman könnte einen Schriftzug tragen wie 'T'ai-shan wagt es, sich den üblen Einflüssen zu widersetzen', wobei die Macht der berühmtesten Bergkette Chinas angerufen wird, um sha, die giftigen Dämpfe, und kuei, verschiedene Arten von Dämonen, abzuwehren. Es wird, wie meistens, in rot von einem taoistischen Priester auf einem Pfirsichholzbrett von circa 35 cm Länge geschrieben. Sein Aufstellen kann von Opfergaben aus Speisen, Getränken oder Weihrauch begleitet sein. Solche Talismane sind ausdrücklich als zusätzliche Hilfsmittel gedacht, die Feng-Shui unterstützen, sind jedoch eher Zwischenlösungen als permanente Lösungen für ein Problem im Bereich des Feng-Shui an einem Standort.

Der Einsatz von Talismanen ist größtenteils Brauch taoistischer Chinesen und somit für uns hier weniger interessant, aber um viele der Regeln des Haushalt-Feng-Shui zu verstehen, ist es nützlich eine Vorstellung von der Gestaltung des traditionellen chinesischen Hauses zu haben.

Wie der Körper, so hat jedes Haus Öffnungen — Türen und Fenster, die den ch'i-Fluß hereinlassen, der dann zirkulieren muß ohne zu stagnieren, damit das Haus 'atmet'. Jedoch müssen diese Öffnungen vor dem direkten Eintritt von 'geheimen Pfeilen', die von benachbarten Gebäude- oder Straßenanordnungen generiert werden können, geschützt werden.

Typische chinesische Häuser, besonders solche, wie von Hsü (1971) in Yunnan beschrieben, sind ein- oder zweistöckig und haben einen Innenhof als Mitte. Amibitioniertere Haushalte haben zwei ineinander übergehende Innenhöfe. Die meisten Häuser bestehen aus Ziegeln und Stein, haben weißen oder gelben Kalkputz sowie gekachelte Dächer und Fußböden aus Holz oder Ziegelsteinen.

Der Haupteingang des Hauses zeigt meistens nach Süden oder Osten. Kompliziertere Bauten haben manchmal eine Serie von drei Türen als Eingang, die abwechselnd nach Osten, Süden und Osten zeigen, so daß der Gast auf dem Wege zum Innenhof diese Himmelsrichtungen jeweils vor sich hat. Die Türen sind manchmal reich mit Holzschnitzereien verziert und mit dekorativen Stürzen versehen, die aus Holz konstruiert sind oder auch gekachelte Abdeckungen sein können, mit flügelartigen Vorsprüngen wie bei den Dächern der Pagoden. Häufig umgibt das Haus eine fensterlose Mauer mit nur einem sichtbaren Eingang, und dieser ist oft mit davorgesetzten oder flankierenden 'Schattenmauern' versehen, die das direkte Eindringen in gerader Linie von sha oder anderen üblen Einflüssen verhindern.

In der Regel befinden sich drei Räume in jeder der vier Hausseiten, die den Innenhof umgeben. Dieser ist meistens mit Steinplatten ausgelegt. Die Zimmer im Erdgeschoß sind die Wohnräume der Familie, und der mittlere Raum je Seite meistens ein Empfangs- oder Wohnzimmer, wobei die beiden flankierenden Räume als Schlafzimmer dienen. An jeder Ecke, mit kleinen Durchgängen zum Innenhof, sind die Küchen und Diensträume versteckt untergebracht, um nicht sichtbar zu sein. An den Hausseiten entlang ist der

Innenhof teilweise überdacht, so daß eine umlaufende Veranda entsteht.
Im Obergeschoß ist der wichtigste Raum der Ahnenschrein, der sich traditionell in der Mitte der Westseite befindet, während die restlichen Zimmer meistens als Lagerräume oder zusätzliche Schlafzimmer dienen. Der Ahnenschrein erhält tägliche Opfergaben aus Weihrauch sowie ein bis zwei Schalen mit einfachen Speisen. Aufwendigere Feiern finden am 15. Tag des siebten Mondes statt, und an den diversen anderen Festen zu Ehren der Ahnen im Laufe des Jahres.

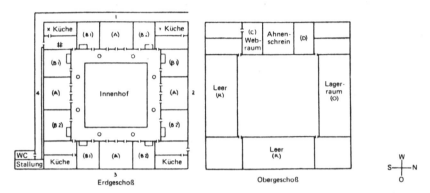

Abb. 15 Grundriß eines typischen chinesischen Hauses

Die Feng-Shui-Aspekte des Erdgeschosses werden aufmerksam berücksichtigt, wenn den Mitgliedern einer vielköpfigen Familie Schlafzimmer zugeteilt werden, und das wichtigste Mitglied erhält die beste Lage. Dieses bedeutet nicht immer das schönste Zimmer im wohnlichen Sinne, sondern das vorteilhafteste nach Feng-Shui-Gesichtspunkten. Die Konformität der Beibehaltung der traditionellen Hausgestaltung ist, zu einem großen Grad, ein Symptom des Wettbewerbs um Familienvorherrschaft, bei dem Wohngebäude nicht primär als Stätten angesehen wurden, an denen Familienmitglieder bequem und unbeschwert wohnen konnten, sondern als Signale der Einheit und des gesellschaftlichen Standes der Familiengruppe als ganzem, lebende und tote Mitglieder mit eingeschlossen.

Ein üblicher Haushalt mit doppeltem Innenhof würde meistens den Haupteingang in südlicher Richtung haben. Die Räume, die als Trennung der beiden Höfe dienen, sind dann nach beiden Seiten hin offen um Durchgang zu erlauben, und ein Zusatzeingang nach Osten könnte vorhanden sein. Ein Haupteingang nach Norden wäre äußerst selten, da dies die Gefahr von sha und den kalten Nordwinden mit sich bringen würde, eine Überlegung, die praktisch sowie Feng-Shui-bezogen ist. Solche Zugänge wurden manchmal auf den Rat des feng-shui hsien-sheng hin zugemauert.

Wegen des Konzeptes der Großfamilie, die für weiteren Zuwachs genügend Raum braucht, sind chinesische Häuser oft zu groß für die Familien, die darin wohnen. Meistens wird der Innenhof als erstes gebaut, und dann die Räume nacheinander, beginnend im Norden und im Westen, so daß das

Haus als erstes einen starken 'Rücken' erhält. Später wird ein zweiter Innenhof oder ein weiteres Geschoß hinzugefügt. Die Erweiterungen der Gebäude laufen dem Zuwachs wohlhabender Familien oftmals.

Sehr oft sind die Räume im Erdgeschoß, die am meisten benutzt werden, aufgrund der überhängenden Bedachungen zum Innenhof hin viel zu dunkel. Die überdachten Gänge im südlichen Teil des Hauses führen auch oft zu schlechter Ventilation. Wahrscheinlich dienten sie ursprünglich als Kälteschutz und Sicherheitsmaßnahme.

Eingänge in der Umfriedung wurden manchmal mit zwei bis drei schützenden freistehenden Schattenmauern versehen, die böse Einflüsse, aber auch Gäste, daran hinderten, geradewegs zum Haus zu gelangen. Jedes dieser Mauerteile ist üblicherweise mit vier großen Schriftzeichen geschmückt, die das gute Feng-Shui dieses Anwesens bestätigen und zusätzlich Schutz vor üblen Einwirkungen von außen geben. So wird eine Handlung der sympathischen Magie mit einer praktischen Schutzmaßnahme verbunden.

Es mag sein, daß der Ursprung der Schattenmauern mit militärischen Überlegungen verbunden war, und eine Öffnung in der Grundstücksmauer durch ein versetztes Mauerteil so blockiert wurde, daß mögliche Angreifer nicht in großer Anzahl auf einmal in das Haus eindringen konnten. Dieses Sicherheitsfaktum wurde vielleicht so verallgemeinert, daß es eine zusätzliche symbolische Bedeutung erhielt.

Natürlich besitzen arme Haushalte nur wenige dieser komplizierten architektonischen Elemente und sind hauptsächlich auf geschriebene Schutzsprüche und aufgehängte Tafeln angewiesen, um ihre Eingänge vor Übel zu bewahren, und diese führten bei den Ärmsten dann auch direkt zum Ahnenschrein, ohne die Vorteile von Abschirmungen oder Mauern.

Inwieweit können sich solche Baumaßnahmen auf Häuser im westlichen Stil beziehen? Wenn wir davon ausgehen, daß es sich um eine ländliche Lage handelt, da städtische Situationen größere Veränderungen meistens von vornherein ausschließen, gibt es eine Anzahl von Änderungen, die im Einklang mit den Lehren des Feng-Shui vorgenommen werden können.

Als erstes sollte die Gesamtlage nach Süden hin orientiert sein, so daß Haupteingang und Garten entsprechend geplant werden können. Wenn es nördlich des Standortes keine schützenden Landschaftsformen gibt, wie zum Beispiel Hügelketten, dann kann das Anpflanzen einer Baumreihe an dieser Seite vorteilhaft sein. Diese ist nützlich um mögliches sha zu binden, das in der Gegend entsteht, und schützt den Standort vor den Yin-Einflüssen des Nordens.

In China erhält jedes Haus und jedes Dorf, dem der nötige natürliche Schutz fehlt, einen Bambushain oder Bäume zur Nordseite hin, und vorne, oder zum Süden hin, ein Wasserbecken oder einen Teich. Wenn möglich, sollte ein Becken mit fließendem Wasser und einem gewundenen Ablauf angelegt werden, besonders wenn der Standort das Glück hat, nach Süden abzufallen. In China gibt es statt des Teiches manchmal eine Pagode, eine für uns weniger praktische Lösung.

Ist ein Garten rechteckig angelegt, so kann er mit etwas Phantasie natürlichere Linien erhalten, die wahre Wunder bewirken. Besonders sollte ein gerader Weg zur Haustür vermieden werden, vielmehr sollte dieser möglichst mit Kurven versehen werden. Technischere Lösungen könnten zum Beispiel das Anbringen einer achteckigen Tafel mit den Trigrammen und den Yin-Yang-Symbolen gegenüber dem Haupteingang sein, oder das Aufstellen von Steinlöwen oder Keramikdrachen an wichtigen Stellen könnte die Ansammlung von ch'i beeinflussen, aber wie Eitel bereits sagt: 'Der bei weitem beste und wirksamste Weg ist es, einen Geomanten zu engagieren, zu tun, was er sagt, und ihn gut zu bezahlen' — ein optimaler Rat im Westen!

Viele moderne chinesische Texte befassen sich mit Feng-Shui in Städten: den Standorten von Häusern und der Anordnung ihrer Räume. Eine Anzahl von populären Texten in dieser Richtung sind zur Zeit in Hong Kong und Taiwan verbreitet. Eine Auswahl von Regeln, die beim Bau oder Kauf eines Hauses eingehalten werden sollten, könnte diesen Handbüchern fast als 'Feng-Shui-Führer' für den Hauskäufer entnommen werden. Abbildung 16 entstammt dem Buch 'Ein vereinfachter Führer zu den Geheimnissen des Feng-Shui', das in Hong Kong und Singapur erschien. Dieses und zwei Bücher von Chan Ming Chai, 'Ist Feng-Shui glaubwürdig?' (Hong Kong, 1977) und 'Wie man das Feng-Shui überprüft' (auch Hong Kong), sind stellvertretend für eine Anzahl ähnlicher Handbücher, die oft mit einfachen grafischen Mitteln illustriert sind, fast im Stil von Comics-Serien.

Die erste Kategorie von Regeln befaßt sich mit den äußerlichen Umständen, der Umgebung des Hauses. Da heißt es, zum Beispiel, daß der Ausgang eines Tales, wo es sich fächerförmig ausbreitet, eine äußerst gefährliche Feng-Shui Konstellation darstellt. Auch ist ein Standort stromabwärts von einer solchen Lage unheilvoll. Ein Haus mit einem großen Baum direkt vor dem Haupteingang zu kaufen oder zu bauen, schafft nicht nur Umständlichkeiten, sondern gilt als überwältigend schlechtes Feng-Shui, da der 'Eingang von Reichtum' abgebogen wird. Auch wird es als unheilvoll bewertet, ein Haus auf einem dreieckigen Grundstück zu bauen. Hat das Haus den Vorteil eines Innenhofes oder Atriums, so sollte achtgegeben werden, daß sich in dessen Mitte nicht ein Baum oder Wasserbecken befindet, da dies von der ch'i-Ansammlung im Hause selbst ablenken würde.

Die Anordnung der Räume und Installationen innerhalb des Hauses (Abb. 16) ist nicht nur traditionsbedingt, sondern mit einigen Tabus versehen. Die offensichtlichste Voraussetzung ist die, daß die am meisten benutzten Räume eines Hauses nach Süden blicken, wie das Haus selbst (Abb. 16a). Ist dies nicht möglich, so sollte das Hauptschlafzimmer in der Mitte des Hauses liegen, mit Ausblick nach Süden.

Soll ein Laden eingerichtet werden, so darf das Haus nicht nach Nordosten oder Südwesten blicken. Bei einem Wohnhaus sollte die Küche nach Osten blicken, und auf keinen Fall nach Südwesten, der unheilvollsten Lage für eine Küche.

Das älteste Familienmitglied sollte nach Möglichkeit ein Zimmer mit Blick nach Südosten erhalten, nicht jedoch nach Süden, der primären Richtung, da diese dem Oberhaupt der Familie vorbehalten ist. Da es sich aber um

主人的房間，宜配置於住宅中心處。

A

在樹林地建築住房，不要有留殘的樹根。

C

老人房宜設在南東面。

B

Abb. 16 Feng-Shui in der Hausgestaltung

potentielle Ahnen handelt, sollten sie zumindest die zweitbeste Stelle bewohnen (Abb. 16b).

Deutlich praktische Vorschläge, wie daß ein Haus ohne Hintertür eine Gefahr bedeutet, werden zwar unter Feng-Shui angeführt, gehören aber mehr in den Bereich des gesunden Menschenverstandes. Andere Regeln würden so manchen Gesundheitsbeamten erfreuen, denn da wird vorgeschlagen, daß Schlafzimmer nie direkt zur Küche führen, und daß eine Toilette nicht auf den Haupteingang des Hauses blicken sollte.

Eine ausdrücklich chinesische Regel besagt, daß der Familienaltar nicht von der Straße aus erblickt werden darf. Nicht nur würde dies dem Ansehen der Familie schaden, sondern auch die Familiengottheit Angriffen und Spott von Passanten aussetzen.

Zu den Bauregeln, die eine Kombination aus logischem Konstruktionsdenken und Feng-Shui-Überlegungen sind, gehört auch die Bedingung, daß nicht über einem alten Brunnen gebaut werden soll. Dies nicht nur, weil Brunnen als sakrale Stätten betrachtet werden, sondern auch, weil nach Feng-Shui das Zuschütten eines Brunnens um darüber zu bauen dem gleich kommt, die Atmungsöffnungen des Drachens zu schließen, was bei den Bewohnern des Hauses zu Erkrankungen der Augen und Ohren führen könnte.

Gleichermaßen wird geraten, ein Haus weder zu bauen, umzubauen oder zu renovieren, wenn eine Frau der Familie schwanger ist, da die Kräfte des Kosmos als ausreichend betrachtet werden, ein Kind oder ein Haus zu einer Zeit hervorzubringen, aber nicht beides gleichzeitig.

Bei der Vermessung eines Bauplatzes muß darauf geachtet werden, daß sich kein verrotteter Baumstumpf unter der Erde verbirgt, da dies ein außerordentlich unheilvolles Feng-Shui-Indiz ist, und jedes darauf gebaute Haus erkranken lassen würde. Die Theorie dahinter lautet, daß der Restbaum seine Frustration an dem 'neugewachsenen' Haus auslassen wird, indem er seinen Bewohnern zusetzt (Abb. 16c).

Was das Baumaterial betrifft, so wird es als unästhetisch aber auch unheilbringend betrachtet, Holz als waagerechte Balken zu verwenden, da dies entgegen der Richtung ist, in der das Holz wuchs, als es noch ein lebender Baum war. Wenn die Maserung und Wuchsrichtung des Holzes nach oben zeigt, werden die Mitglieder des Haushalts zunehmenden Wohlstand erfahren, statt des Gegenteils.

Es wird in diesen Handbüchern viel über Raumnutzung innerhalb des Hauses gesprochen, und ihre Ratschläge zur Platzzuteilung sind perfekt durchdacht, wurzeln jedoch im logischen Denken. Es gilt als schlechtes Feng-Shui, zwei Schlafzimmer oder zwei Badezimmer miteinander zu verbinden (die Bewohner wären in ihrer Privatsphäre gestört), und Schlafzimmer sollten nicht über leeren Räumen eingerichtet werden, wie Garagen oder Lagerräume, da dies unten ein ch'i-Vakuum schaffen würde, das die Bewohner beeinträchtigt.

Das Tor zum Haus sollte, derselben Regel zufolge, nicht größer sein als der Weg zum Haus, da es sonst die ch'i-Ansammlung im Hause ablenken würde. Jedoch sollte vor einer Garage viel Platz gelassen werden.

Die allgemeine Regel, die Wasser mit Yin verbindet und Feuer mit Yang, und vorschlägt, diese nicht in Konfrontation miteinander zu bringen, hilft nicht nur dem Hausbesitzer, die Nutzung der Räume zu bestimmen, sie stellt ein Grundprinzip des Feng-Shui dar. Yang sollte ja in jeder Kombination gegenüber Yin vorherrschen, um eine günstige Feng-Shui-Balance zu schaffen.

Die auf das Heim bezogenen Regeln können auch bei öffentlichen Gebäuden angewandt werden. Das Wohlergehen eines Menschen und sein Schicksal werden nicht nur davon bestimmt wie er wohnt und wie er seine Ahnen beisetzt, sondern auch davon, wo er arbeitet und Andacht ausübt. Dementspechend waren die Feng-Shui-Aspekte bei der Standortwahl für Tempel von oberster Wichtigkeit. Alleine in Hong Kong gibt es mehr als 600 meist buddhistische oder taoistische Tempel, die einer Bevölkerung von 4,4 Millionen dienen.

Es versteht sich von selbst, daß in einem so überbevölkerten Gebiet die Ansprüche des modernen Lebens und der Bauverwaltung dazu geführt haben, daß viele Tempel an Plätzen errichtet wurden, die vom Standpunkt des Feng-Shui aus nicht als absolut glückbringend gelten. Um diesem Nachteil entgegenzuwirken, werden oft Spiegel an Eingängen und Fenstern angebracht um 'geheime Pfeile' zu reflektieren. Wegen des maritimen Charakters von Hong Kong befinden sich einige Tempel nicht auf dem Puls des Drachens, sondern 'vor einem Drachen, der sich von den Hügeln zur See hin streckt'. Das heißt, daß sich diese Tempel zwischen zwei Hügelausläufern befinden, an einem Hang, der in ein Tal oder zum offenen Meer führt. Ein besonders gutes Beispiel dafür ist der Tin Hau Tempel an der Joss House Bucht.

Der traditionelle chinesische Tempel besteht aus drei Hauptsälen, die ineinander übergehen. Am Vordereingang befindet sich der Glockenturm, wo die Tempelglocke und -trommel aufbewahrt werden sollen. Dahinter kommt der Rauchturm, wo Opfergaben aus Papier in großen Urnen verbrannt werden. Der aufsteigende Rauch zieht (zumindest theoretisch) durch Öffnungen ab, die dadurch entstehen, daß dieses Turmdach mit Stützen über den Rest der Bedachung angehoben ist. Direkt dahinter kommt der Hauptpalast mit seinen Altären und Darstellungen der Hauptgötter des Tempels. Viele Tempel haben Seitensäle zur Unterbringung von kleineren Gottheiten, und meistens gehören noch Wohnräume für den Tempelaufseher und seine Familie dazu.

Die Hauptaltäre befinden sich hinten, an der Nordseite des Tempels, und der Eingang zeigt nach Süden. Die modernsten Tempel scheinen die Glocken- und Rauchtürme abgeschafft zu haben. Sie ziehen die praktischere Verbrennung in einer außen befindlichen Anlage vor, um so eine mögliche Brandgefahr zu verringern und der Verrußung der Saaldecken entgegenzuwirken.

Die Dächer der Tempel sind ihre am reichsten verzierten Teile, denn sie sind verantwortlich für die Wechselbeziehung zwischen dem Tempel und den Elementen und dem Wind. Die Firste sind reichlich geschmückt und mit Figuren besetzt, die oft aus Porzellan gemacht sind und Gottheiten sowie Volkshelden darstellen. Die Farbgebung ist auch symbolisch: Rot steht für Glück, Grün für Frieden und Ewigkeit, Weiß auch für Frieden, aber manchmal auch Trauer, und Gold für Adel, Kraft und Reichtum. Die Vorherrschaft von Gold und Rot in der chinesischen Kultur spricht für sich selbst.

Das zentrale Symbol der Tempelräume und einem großen Teil der Dekoration ist natürlich der Drachen, der die entflammte Drachenperle verfolgt. Die wellenförmigen Schnitzereien von Drachen in den Linien des Dachs sind da, um den Fluß der Drachenkraft, des ch'i, in den Tempel selbst anzuregen. Dem weiteren Tiersymbolismus der Tempel gehören auch der Karpfen an, der flußaufwärts gegen die Strömung schwimmen kann, sowie der Schwanz der Eule.

Das zweitwichtigste chinesische Symboltier, der Löwe, nimmt die Rolle des Türwächters und Behüters der Altäre ein und wird in stark stilisierten Formen dargestellt (denn es ist einige Zeit her, seit Löwen in China gesehen wurden). Tatsächlich wurden Löwen in China von Buddhisten aus Indien eingeführt, und während ihres relativ kurzen Verweilens dort riefen sie viele Mythen ins Leben.

Im Heim werden Schnitzereien von heiligen Tieren für die gleichen Zwecke gebraucht, Löwen besonders als Bewacher der Eingänge. Dieselbe Betonung, die in Bezug auf Farben im Tempel herrscht, schlägt sich im Hause nieder. Räume mit nachteiligen Aspekten werden in starken Farben dekoriert, wie Rot oder Gold in Teppichen oder Wandbehängen, oder manchmal einer schwarzbemalten Tür.

Rot wird als Symbol von Glück und Wohlstand verwendet, Gold aus offensichtlich symbolischen Gründen, Gelb für die Freude, und Grün für eine besonnene Atmosphäre. Man sollte jedoch aufpassen, daß eine rote Wand nicht nach Westen blickt, und eine schwarze nicht nach Süden, denn schwarz ist die Farbe des Nordens und soll nicht mit ihrem Gegenstück konfrontiert werden. Ein besonders bedrückender oder kleiner Raum sollte eher in hellen Farben gehalten werden.

Daß Möbel so gestellt werden, daß sie den ch'i-Umlauf nicht behindern, ist auch wichtig. Das Ziel ist es, die Umwelt in Einklang mit der Psyche des Bewohners zu bringen und das beste aus den äußeren Einflüssen zu machen. In einer ländlichen Umgebung ist das Übereinstimmen mit der Natur am wichtigsten, während es in der Stadt darum geht, möglichst viele konfliktgeladene Einflüsse abzuwehren.

Letztlich sollte jedes Fenster und jede Tür im Hinblick auf das einfließende ch'i berücksichtigt werden, das von den durch die Möblierung entstehenden Linien spiralenförmig von Raum zu Raum geleitet werden sollte, bevor es sich erschöpft. Kein Zimmer sollte so vom Rest des Hauses abgetrennt sein, daß es zu einer Lagerstätte von stagniertem ch'i werden kann. Das Gegenteil ist aber auch wahr, daß ein Zimmer mit zuvielen Türen nicht nur im körperlichen Sinne zügig ist, sondern zur Verstreuung von ch'i beiträgt. Bei einem solchen Raum muß überlegt werden, ob nicht eine oder zwei Türen ganz abgedichtet werden sollten. Es sollte auch leicht fallen, sich von Raum zu Raum zu bewegen, ohne gegen hervorstehende Ecken zu stoßen, denn der Fluß des ch'i ähnelt den Bewegungen eines Tänzers, der auf einer vollgestellten Bühne nichts vorführen wird. Solche Beurteilungen, die zum Teil auch subjektiv sind, können durch Vermessungen mit dem Kompaß überprüft werden, die aus der Raummitte gemacht werden, oder durch Fenster zu den prominentesten Merkmalen der Landschaft. Sind die Ergebnisse in dem gegebenen Jahr gut, so sollte der Raum mehr Aufmerksamkeit erhalten. Ist das Gegenteil der Fall, dann können eventuell 'Reflektoren' Abhilfe schaffen. Sind die Ergebnisse ziemlich neutral, dann wird es wichtig das ch'i durch den Raum zu führen.

Durch das Abwechseln der Stämme und der Äste wird natürlich jedes Jahr neue Einflüsse auf jeden Raum einwirken lassen und so neue Gedanken hervorrufen. Sogar mit dem Wechsel der Jahreszeiten wird das eigene Empfinden der sich verändernden Feng-Shui-Umwelt im Sinne von Zeit und Raum vergrößert werden.

Ein kurzes Feng-Shui Vokabular

an chien	– 'geheimer Pfeil', übler Einfluß in Form einer Linie, die auf einen Standort zielt, wie ein entfernter Weg oder die Linie eines Dachs
chen wu	– ein Objekt, das üble Einflüsse fernhalten soll, wie eine Pagode oder ein Steinlöwe
ch'i	– Lebensatem, der durch die Formen der Erde gesammelt oder verstreut wird
ching	– Klassiker
fa	– die Feng-Shui Beschaffenheit einer Landschaft
feng	– Wind
feng sha	– giftiger Wind
feng-shui hsien-sheng	– ein Feng-Shui Praktizierender
ho-t'u	– Magisches Quadrat, das mit der Früheren Himmelsreihenfolge verbunden ist (siehe auch Lo-shu)
hsing	– Elemente, wörtlich: sich bewegen
hsüeh	– Nest des Drachens, Standort mit angesammeltem ch'i
hsiu	– Sternbilder
hsün lung	– nach den Regeln des Feng-Shui den Drachen suchen, der zu einer Grabstätte gehört und sie umgibt
hua	– Veränderung
hun	– Teil der Seele, der zu den Ahnen zieht
'I Ching'	– Buch der Veränderungen
kan-yü	– alte Bezeichnung für Feng-Shui
kan-yü chia	– ein Praktizierender des kan-yü
kua	– die Trigramme des 'I Ching'
kuei	– Dämonen
lo ching	– Feng-Shui-Kompaß mit magnetischer Nadel, den Kardinalpunkten, und diversen Kreisen, mit Unterteilungen von 8 und 12, sowie Multiplikatoren davon
lo p'an	– Feng-Shui-Kompaß
Lo-shu	– Magisches Quadrat mit Zahlen, verbunden mit der Späteren Himmelsreihenfolge von Trigrammen

luo pan	– Feng-Shui-Kompaß
lung	– Drachen
lung mei	– Drachenadern
lung shen	– Drachengeister
mao	– Richtung Osten
ming t'ang	– Heller Saal, das Becken vor einem Standort, also südlich
pa kua	– die acht Trigramme des 'I Ching'
p'o	– Teil der Seele, der im Grabe bleibt
sha	– Erde oder angeschwemmte Anhäufungen, giftiger Atem, wörtlich: Sand
sha ch'i	– giftiges ch'i
shan	– Berge
shan-shui	– Landschaft in der Malerei und im Feng-Shui-Sinne, wörtlich: 'Berg-Gewässer'
shen	– Geister
shih erh chih	– die zwölf zyklischen Zeichen oder Zwölf Irdischen Äste, werden auch ti chih genannt
shih erh kung	– die Zwölf Paläste, oder Phasen des ch'i
shih kan	– die zehn zyklischen Zeichen genannt Himmlische Stämme oder Säulen des Himmels, auch t'ien kan genannt
shui	– Wasser und Wasserwege
shui-lung	– Wasserdrachen
t'ai-ch'i	– das Große Absolute
t'ai yang	– die Sonne
t'ai yin	– der Mond
tang	– niedriger, flacher Platz vor einem Grab
ti	– Erde
t'ien	– Himmel
ti li	– Doktrin der Erde, Geographie, wird oft für Feng-Shui verwendet
ts'eng	– Ringe des Kompasses
t'u	– Erde
tuan kang	– Praktizierender von wu chiao, ein Zauberer
tzu	– Richtung Norden
wu	– Richtung Süden
wu hsing	– die fünf Elemente
Yang	– männlich
yang chai	– (Yang-) Wohnstätte der Lebenden, Haus
Yin	– weiblich
yin chai	– (Yin-) Wohnstätte der Toten, Grab
yu	– Richtung Westen

UNSER LIEFERBARES PROGRAMM
UND NEUERSCHEINUNGEN HERBST '83

AKWESANSNE, WO DAS REBHUHN BALZT, DM 24,-
ARADIA - DIE LEHRE DER HEXEN, DM 20,-
BERMAN, DIE WIEDERVERZAUBERUNG DER WELT, ca. DM 39,-
BOYD, ROLLING THUNDER, DM 24,-
BOYD, SWAMI RAMA, ca. DM 29,-
DANIEL, DAS NEBELPFERD, DM 15,-
DELORIA jr., NUR STÄMME WERDEN ÜBERLEBEN, DM 15,-
DIAWARA, MANIFEST DES PRIMITIVEN MENSCHEN, DM 14,-
DÖMPKE (Hrsg.), TOD UNTER DEM KUZEN REGENBOGEN, DM 24,-
ESTRADA, MARIA SABINA - BOTIN DER HEILIGEN PILZE, DM 15,-
ERLICH, SCHABBAT, DM 24,-
GERONIMO - EIN INDIANISCHER KRIEGER ERZÄHLT SEIN LEBEN, DM 14,-
GUEVARA, BOLIVIANISCHES TAGEBUCH, DM 15,-
HANSEN, DER HEXENGARTEN, DM 14,-
KASIMIROFF, DER LETZTE VOM STAMME DER ALGONKIN, ca. DM 29,-
KRAUS (Hrsg.), GESTOHLENE MÄRCHEN, DM 20,-
KRAVETTE, MEDITATION DAS UNBEGRENZTE ABENTEUER, ca. DM 32,-
KUNZE, IHR BAUT DIE WINDMÜHLEN - DEN WIND RUFEN WIR, DM 24,-
LEGINGER, URWALD, DM 29,80
MARTINO, KATHOLIZISMUS, MAGIE, AUFKLÄRUNG, DM 24,-
MICHELS, RASTAFARI, DM 14,-
MYERHOFF, DER PEYOTE-KULT, DM 26,-
PENNICK, DIE ALTE WISSENSCHAFT DER GEOMANTIE, DM 36,-
RABE/RÖTTGEN, VULKANTÄNZE, DM 14,-
REINAGA, AMERICA INDIA UND DAS ABENDLAND, DM 15,-
ROQUETA, GRÜNES PARADIES - GESCHICHTEN AUS OKZITANIEN, DM 26,-
ROSZAK, DAS UNVOLLENDETE TIER, DM 29,-
DIE RÜCKKEHR DES IMAGINÄREN, DM 26,-
SCHULZ/ALBERS, NICHT NUR BÄUME HABEN WURZELN, DM 16,-
SILLS-FUCHS, WIEDERKEHR DER KELTEN, ca. DM 20,-
SKINNER, CHINESISCHE GEOMANTIE, ca. DM 20,-
STEINER, DER UNTERGANG DES WEISSEN MANNES, DM 24,-
SUN BEAR, DAS MEDIZINRAD - EINE ASTROLOGIE DER ERDE, DM 24,-
VUSAMAZULU, INDABA, ca. DM 39,-
WARNER, MARIA, DM 42,-
WONGAR, SPUREN DER TRAUMZEIT, DM 18,-

TRIKONT-DIANUS
BUCHVERLAG GmbH
AGNES STR. 10
8000 MÜNCHEN 40

NIGEL PENNICK

DIE ALTE WISSENSCHAFT DER GEOMANTIE

DER MENSCH IM EINKLANG MIT DER ERDE

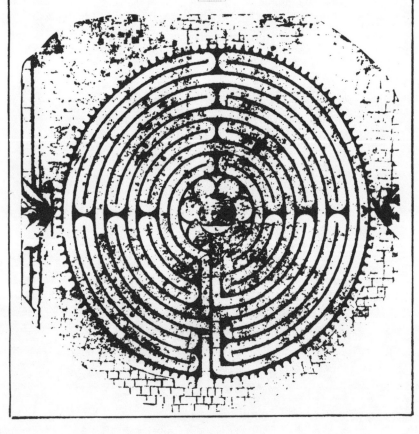

FENG-SCHUI oder Die Rudimente der Naturwissenschaft in China, E. J. Eitel

Was ist Feng-Schui?

In China erhielt der Missionar E. J. Eitel die Antwort: Wind und Wasser.
Für uns ist Feng-Schui ein uralter, aber sehr erfolgreicher Grundstein für das Leben in Harmonie mit der Natur anstatt im Vernichtungskampf gegen sie. „Der Zustand, den Feng-Schui anstrebte, war kein geringerer als das Goldene Zeitalter" (John Michell).

Dieser historische Text ist mehr als eine wissenschaftlich angelegte Studie. Der Autor ermöglicht ungewollt Einblicke in das Denken einer Epoche, in der viele der heute herrschenden Mißstände konkrete Formen bekamen. Dieses ist die erste deutschsprachige Ausgabe eines Buches, das erstmals 1873 in London erschien.

ISBN 3-88792-002-3
Taschenbuch, 121 Seiten, Preis: 12,—